# Mudar a Justiça Penal

# Mudar a Justiça Penal

LINHAS DE REFORMA DO PROCESSO PENAL PORTUGUÊS

**2011**

António João Latas (coordenação)
J. Francisco Moreira das Neves
João Gomes de Sousa
José Manuel Quaresma
José Mouraz Lopes
Manuel Henrique Soares
Maria do Carmo Silva Dias
Nuno Miguel Coelho
Pedro Soares de Albergaria
Rui Pedro Lima
Tiago Caiado Milheiro

**MUDAR A JUSTIÇA PENAL**
AUTOR
António João Latas (coordenação)
EDITOR
EDIÇÕES ALMEDINA, S.A.
Rua Fernandes Tomás, nºs 76, 78 e 79
3000-167 Coimbra
Tel.: 239 851 904 · Fax: 239 851 901
www.almedina.net · editora@almedina.net
DESIGN DE CAPA
FBA.
EDITOR
EDIÇÕES ALMEDINA, S.A.
IMPRESSÃO E ACABAMENTO
PENTAEDRO, LDA.
Palheira Assafarge, 3001-153 Coimbra
producao@graficadecoimbra.pt
Janeiro, 2012
DEPÓSITO LEGAL
338741/12

Toda a reprodução desta obra, por fotocópia ou outro qualquer processo, sem prévia autorização escrita do Editor, é ilícita e passível de procedimento judicial contra o infrator.

 GRUPOALMEDINA

BIBLIOTECA NACIONAL DE PORTUGAL – CATALOGAÇÃO NA PUBLICAÇÃO
CONGRESSO DOS JUÍZES PORTUGUESES, 9, Ponta Delgada, 2011
Mudar a justiça penal : linhas de reforma do processo penal português
/ 9º Congresso dos Juízes Portugueses ; coord. António João Latas... [et al.]
ISBN 978-972-40-4733-1
I – LATAS, António João
CDU   343
        061

## NOTA DE ABERTURA

O objetivo principal deste livro é dar a conhecer a um público mais alargado o texto que foi apresentado ao 9º Congresso dos Juízes Portugueses que decorreu em Ponta Delgada entre 29 e 31 de Outubro de 2011, fruto de quase um ano e meio de trabalho do grupo constituído no âmbito do GEOT da ASJP, como melhor se explica no texto de apresentação.

Pensamos que as questões que coloca e as propostas que veicula merecem um lugar na discussão pública sobre a reforma séria e abrangente de que a justiça penal carece.

Para nós fica o gosto da experiência e o desejo de que muitos outros exemplos de participação cívica continuem a surgir no campo do associativismo judicial. Não serão de mais para o que o nosso País precisa.

ANTÓNIO FRANCISCO MARTINS – Presidente da ASJP
LUÍS AZEVEDO MENDES – Coordenador do GEOT

APRESENTAÇÃO

No âmbito dos trabalhos do Gabinete de Estudos e Observatório dos Tribunais da Associação Sindical dos Juízes Portugueses foi formado um grupo de trabalho constituído por juízes, que durante mais de um ano refletiu sobre o que podem ser algumas das linhas duma futura reforma do processo penal, a partir de preocupações e experiências em boa parte comuns.
Preocupações e experiências a que se junta a convicção de que algo pode e deve mudar em aspetos estruturais do processo penal.
A economia e celeridade processual, com especial incidência na demora dos processos mais complexos, a salvaguarda da autoridade democrática na administração da justiça, da confiança dos cidadãos e das garantias efetivas das vítimas e arguidos e a reafirmação da validade do nosso modelo acusatório de processo, são objetivos que pensamos deverem orientar uma futura reforma do processo penal.
Como juízes e cidadãos preocupamo-nos. Pensamos que mais do que a já proverbial crise da justiça é o estado atual da sociedade portuguesa que impõe a realização duma reforma que procure soluções para problemas colocados no centro do processo, cuja falta de resposta acarreta custos crescentes na imagem, credibilidade e funcionamento da Justiça.

Outubro de 2011

# SUMÁRIO EXECUTIVO

# I
# Organização e Gestão Processual

As sugestões de reforma apresentadas referem-se a diversos institutos das várias fases do processo penal e também a matérias transversais como a defesa e os recursos. Mas para além das alterações preconizadas na lei processual, a prossecução dos objetivos referidos na apresentação deste relatório torna igualmente necessária a introdução de mudanças organizativas e na gestão do processo.

Essas mudanças devem incidir em aspetos como a agregação de processos, flexibilização da distribuição, agendamento das atividades, disciplina e controlo dos tempos, enunciação de objetivos e programação do serviço, utilização de ferramentas eletrónicas e meios audiovisuais, implementação de modelos padronizados e concisos para a formulação dos despachos e decisões, emprego de assessorias e utilização de dispositivos processuais de mediação e conciliação das partes.

Importa do mesmo modo introduzir expressamente no processo penal o princípio da diferenciação, de forma que aos vários níveis e graus de criminalidade corresponda um idêntico grau de importância e complexidade dos respetivos casos judiciais, tanto ao nível da tramitação e das garantias como ao nível da resposta instrutória.

Outro aspeto de gestão considerado relevante é o das regras de afetação dos processos aos juízes, devendo ponderar-se que os critérios e espécies de distribuição sejam fixados localmente, tribunal a tribunal, pelos presidentes e por regulamento com enunciação de regras objetivas sujeitas a homologação do CSM, com respeito pelo princípio do juiz natural.

# II
# Reformas processuais

**Fase do inquérito**
**Prazos de duração do inquérito**
Para fixar prazos razoáveis o legislador observa o princípio da proporcionalidade, proibindo o excesso, o que está intimamente ligado com o direito a ser julgado no mais curto prazo compatível com as garantias de defesa. A necessidade de fixação de prazos justifica uma forte e ponderosa razão para limitar e impor a sua observância em cada fase processual.

Um dos temas que mais dificuldades teóricas e práticas tem suscitado, respeita aos prazos de inquérito. Por um lado, o interesse público na perseguição e julgamento dos crimes parece justificar a sua dilação ou renovação ilimitadas. Por outro, o interesse do arguido num julgamento célere e o interesse da própria administração da justiça parecem reclamar que o tempo total da fase de investigação e acusação dos crimes seja sujeita a limites efetivos. A complexidade da questão e as várias soluções passíveis de resolverem os problemas identificados, levam a sugerir uma solução integrada de fixação de prazos de duração do inquérito que prevê a intervenção do superior hierárquico do titular originário do inquérito seguida da eventual intervenção do juiz de instrução e o estabelecimento de consequência processual preclusiva no caso de incumprimento do prazo a final.

A fixação de prazos perentórios para o inquérito deverá ser acompanhada da consagração na lei de novas causas de suspensão do prazo quando se trate de diligências morosas e também de diligências suscetíveis de utilização pelo arguido com propósitos dilatórios.

Propõem-se, em suma, as seguintes mudanças:
- Avocação obrigatória do processo pelo superior hierárquico do magistrado do MP no termo do prazo máximo fixado na lei, precedida, se necessário, da concessão pelo superior hierárquico de prazo até 30 dias para que o titular inicial proferir despacho de encerramento do inquérito;
- O superior hierárquico que avocou o inquérito deverá concluí-lo em novo prazo que não ultrapasse um terço do legalmente estabelecido ou requerer ao juiz de instrução nova prorrogação, por uma só vez, invocando e demonstrando a impossibilidade de o terminar e indicando o prazo necessário para o efeito, que não pode exceder um terço do prazo regra legalmente fixado;
- O juiz de instrução depois de ouvir o arguido avaliará os fundamentos para a prorrogação do prazo, podendo conceder novo prazo pelo tempo objetivamente indispensável à conclusão da investigação mas que não pode exceder um terço do prazo regra legalmente fixado; não sendo concedida a prorrogação o MP disporá ainda de 30 dias para encerrar o inquérito;
- A violação dos prazos referidos deverá ser causa de rejeição da eventual acusação que venha ainda assim a ser deduzida;
- O prazo do inquérito deve suspender-se, para além dos casos já previstos na lei, quando seja expedida carta rogatória e ordenada a realização de perícias ou outras diligências requeridas pela defesa, enquanto estiver pendente outro processo com relevância para o sucesso da investigação e enquanto estiverem a decorrer diligências para a aplicação de pena por consenso;
- O período total de suspensão não deverá em qualquer dos casos exceder metade do prazo que corresponder ao inquérito, acrescido de 3 meses em caso de pluralidade de causas de suspensão.

## Medidas de simplificação e agilização do inquérito

A prova oral produzida em inquérito deve ser obrigatoriamente sujeita a registo de som e imagem, lavrando-se mero auto da diligência respetiva sem transcrição das declarações ou depoimentos.

Nos crimes semipúblicos e particulares, salvo casos justificados, o queixoso deve ter o ónus de providenciar por apresentar as suas testemunhas na data que for designada para serem ouvidas.

Os pressupostos de alguns processos especiais e dos institutos alternativos à acusação ou ao julgamento devem ser alargados para permitir a sua aplicabilidade a um maior número de casos. Uma das hipóteses será o alargamento do âmbito de aplicação do processo abreviado a crimes puníveis com pena de prisão não superior a 8 anos, quer em casos de flagrante delito, quer noutros que não careçam de maior investigação. Outra possibilidade será o arquivamento dos autos pelo MP, para além dos casos de dispensa de pena, quanto a crimes puníveis com pena de prisão até 5 anos, quando se verifique a reparação dos prejuízos causados e o ofendido ou o assistente não se oponham.

## Perícias

O tema das perícias não é diretamente reconduzível a questões de economia e celeridade do inquérito mas é sobretudo nesta fase processual que se repercutem as dificuldades sentidas no regime da prova pericial vigente.

Não se justifica a alteração do atual modelo de perícias de cariz marcadamente público, impondo-se, no entanto, a melhoria do sistema nos seguintes aspetos:
- O relatório pericial deve permitir, através da sua fundamentação, uma melhor aferição da qualidade e credibilidade da perícia pelas partes e pelo tribunal;
- O exercício do contraditório nas perícias deve ser aprofundado nas possibilidades de obtenção de esclarecimentos dos peritos e de nomeação de consultores técnicos;
- Devem criar-se mecanismos que obviem a demora na apresentação dos relatórios periciais, como o estabelecimento de sanções para os casos de incumprimento injustificado e a implementação dum sistema de recolha e tratamento de dados relativos aos organismos

oficiais e outros responsáveis pela realização de perícias que permitam prever o tempo médio da sua realização.

## Processo para aplicação de pena consensual

A discussão sobre a "justiça penal negociada" estabeleceu-se definitivamente na comunidade jurídica desde há alguns anos a esta parte. De forma decidida e irreversível, extravasou o universo jurídico-cultural anglo-saxónico, onde há muito se gerou e consolidou. Cada vez mais países da tradição jurídica continental incorporam no seu direito, e não raro tão só na sua prática, procedimentos diversos que se podem inscrever naquela categoria.

No caso português, o modelo de "justiça imposta" já tradicionalmente (e à margem daquela influência anglo-saxónica) era temperado por soluções de "justiça participada", de que é expoente a peculiar figura do assistente, e por espaços de "justiça consensual", como os mecanismos da suspensão provisória do processo e do processo sumaríssimo.

A alteração que se propõe para a aplicação de pena consensual parte do modelo atual do processo sumaríssimo e assenta nos seguintes vetores fundamentais:

- Com vista ao encerramento do inquérito, será obrigatória a audição pelo MP do arguido acompanhado de defensor, em diligência especialmente destinada a ponderar a aplicação da suspensão provisória do processo ou de pena consensual, de acordo com os respetivos pressupostos;
- O MP, sob pena de nulidade, fundamentará, de modo conciso mas com base em factos determinados, a razão pela qual não promove a aplicação da suspensão provisória do processo ou de pena consensual;
- A aplicação de pena consensual será admissível sempre que o MP, face aos indícios recolhidos no inquérito e à respetiva qualificação jurídica, entenda dever ser aplicada no caso concreto pena que, depois de reduzida de um terço, não seja superior a 5 anos de prisão;
- A pena ou medida de segurança proposta pelo MP e aceite pelo arguido será sujeita a homologação pelo juiz, que no caso de concordar aplica a sanção penal respetiva;

- O juiz rejeitará o requerimento quando este for manifestamente infundado, não existirem indícios suficientes da prática do crime, estiver indiciada a prática de crime mais grave ou entender que a sanção proposta é insuscetível de realizar de forma adequada e suficiente as finalidades da punição;
- Se o arguido não aceitar a sanção proposta pelo MP o processo será remetido para julgamento mas a pena aplicável não poderá ser mais gravosa na sua espécie e medida, exceto se em audiência se apurarem circunstâncias que traduzam uma maior gravidade do facto ou da culpa que não tenham sido consideradas;
- Se o processo seguir para julgamento fica impedido de nele participar o juiz que tiver rejeitado a homologação do requerimento do MP ou que tiver participado na determinação da sanção não aceite pelo arguido.

**Fase de instrução**
Parece ser tempo de proceder a alterações significativas na fase de instrução requerida pelo arguido que façam inverter a tendência para a sua aproximação à audiência de julgamento. Elas visam obter ganhos de tempo e meios, sem afetação de direitos materialmente relevantes da defesa, na medida em que o arguido que não seria pronunciado será absolvido na fase de julgamento e evita-se a instrução ineficaz nos restantes casos, que correspondem aos de pronúncia. Ao mesmo tempo, deste modo enfatizar-se-ão as diferenças de teleologia das fases preliminares e de julgamento, clarificando o papel e as responsabilidades dos sujeitos titulares de cada uma delas, para além da própria defesa.

A alteração preconizada vai no sentido de reduzir a instrução facultativamente requerida pelo arguido à discussão da decisão de acusar, em diligência oral e contraditória, correspondente, nessa parte, ao atual debate instrutório, sem que haja lugar a produção de prova. A instrução requerida pelo arguido visará, pois, a discussão da acusação de forma contraditória perante o órgão independente, tribunal, de modo a que a sua sujeição a julgamento não dependa apenas de decisão do órgão comprometido com a acusação. E terá, assim, como objeto a apreciação de indícios resultantes da prova recolhida no inquérito, bem como a apreciação de nulidades e questões prévias ou incidentais que possam conduzir à não pronúncia, incluindo as proibições de prova.

## Fase de julgamento
### Sentença abreviada

A necessidade de agilizar o processo penal surge como tarefa indispensável num momento e num tempo onde o enorme volume de trabalho é uma constante dos tribunais, sendo certo que a simplicidade, a clareza e a precisão na realização de atos processuais poderão em muito contribuir para conseguir um procedimento mais rápido sem pôr em causa o exercício dos direitos fundamentais do cidadão. O atual regime formal de elaboração e pronunciamento da sentença pode ser adequado à diversidade do procedimento, à semelhança do que sucede já com a sentença oral para os processos especiais, sumário e abreviado.

Deve pois ser consagrada a permissão de em determinadas circunstâncias ser possível proferir uma sentença apenas com indicação dos factos provados e da parte dispositiva, relegando-se para ulterior momento, se necessário em função do recurso, a fundamentação exaustiva da decisão.

### Valoração em audiência das declarações anteriormente prestadas pelo arguido

Está em causa a oportunidade de se proceder a uma alteração legal da atual proibição de leitura/audição/visualização de declarações do arguido prestadas em fase anterior à audiência de julgamento perante juiz de instrução, quando em julgamento opta por remeter-se ao silêncio ou é julgado na ausência. A questão suscita-se com alguma premência atendendo à incompreensibilidade que gera na comunidade, que não entende o porquê de o arguido que confessa o seu crime perante um juiz ser absolvido, porque, na falta de outras provas se remete ao silêncio em audiência ou nem sequer nela participa.

Considera-se que é necessário ampliar as possibilidades de leitura de declarações do arguido prestadas anteriormente à audiência de julgamento, tendo como pressupostos inultrapassáveis que estas sejam prestadas perante o juiz e sejam acauteladas todas as garantias de defesa do arguido.

Defende-se, portanto, a possibilidade de valoração em audiência das declarações do arguido anteriormente prestadas, mesmo que se remeta ao silêncio ou esteja ausente, caso se verifiquem cumulativamente os seguinte requisitos:
- Tiverem sido prestadas perante juiz, na presença do seu defensor;
- O arguido tiver sido advertido de que as suas declarações podem ser usadas em audiência de julgamento mesmo que se remeta ao silêncio ou esteja ausente;
- As declarações tiverem sido gravadas em áudio e vídeo, pelo menos em regra;
- O arguido tiver sido informado por escrito, aquando da prestação de T.I.R., do efeito legalmente reconhecido às suas declarações no caso de a audiência ter lugar na sua ausência.

**Recursos**

Estudaram-se outras possibilidades de reforma que pudessem contribuir de forma mais direta para evitar o protelamento do processo através de sucessivos recursos como forma de atingir a prescrição do procedimento criminal e obviar ao trânsito em julgado de decisões condenatórias, nomeadamente em casos graves de criminalidade complexa ou envolvendo pessoas de elevado estatuto económico e social.

Sem prejuízo da continuação dos trabalhos de reflexão, é possível desde já formular as seguintes propostas:
- O recurso para o tribunal constitucional, no âmbito da fiscalização concreta, não deve ter efeito suspensivo sobre a decisão recorrida quando esta tiver sido proferida por tribunal superior na sequência de decisão ou decisões anteriores igualmente condenatórias;
- Deve tornar-se obrigatório o conhecimento e a reparação pelo tribunal recorrido dos vícios geradores de nulidade (ou efeito equivalente) total ou parcial da decisão final, evitando assim que o recurso suba ao tribunal superior, nomeadamente quando se trata de vício manifesto;
- Deve tornar-se também obrigatório que o tribunal de recurso conheça e decidida todas as questões suscitadas, mesmo que haja anulação da sentença, restringindo-se o leque argumentativo dum futuro novo recuso e rentabilizando-se de forma mais coerente o

trabalho do tribunal de recurso, evitando-se nova distribuição do processo e que outros juízes tenham que conhecê-lo e preparar a nova decisão.

## Proibições de prova

As proibições de prova estão na origem de grande número de decisões que levam à inutilização do processo numa fase adiantada, designadamente em casos de criminalidade complexa ou envolvendo pessoas de elevado estatuto económico e/ou social, com reflexos cada vez mais evidentes na imagem da administração da justiça.

O quadro atual impõe uma clarificação legislativa das proibições de prova em aspetos como a sua autonomização face às nulidades, a maior ou menor amplitude dos seus efeitos e respetiva base legal, as dificuldades de caraterização como proibição de prova ou nulidade de muitas das invalidades previstas. Clarificação que é tão mais importante quanto a questão da validade das provas se coloca como problema central da investigação criminal, da dedução da acusação e sua sustentação e da base de facto da decisão judicial, ou seja, desde o início do processo até à última instância de recurso.

## Defesa oficiosa

O atual regime da defesa oficiosa suscita muitas dúvidas quanto ao asseguramento dos direitos constitucionais, à qualidade da defesa, à eficácia dos procedimentos processuais e ao volume dos encargos financeiros públicos e seu controlo pelo Estado.

A reflexão incidiu sobre a oportunidade e conveniência de alterar o modelo de representação do arguido que não constituiu advogado, do atual sistema de "defesa oficiosa" para outro de "defesa pública", organizada e gerida pelo Estado ou por um organismo público autónomo, com juristas contratados para assegurarem essas funções.

Pese embora as vantagens desse sistema (mais igualdade no acesso à justiça, mais qualificação técnica, especialização e disponibilidade do defensor, mais eficácia e celeridade dos procedimentos e maior racionalidade e controlo dos gastos públicos) considerou-se que essa solução merece reservas por falta de informação suficiente sobre a sua viabilidade financeira e orçamental e sobretudo por implicar uma vinculação pública do defensor ao Estado que dificilmente se concilia com a liberdade e independência do advogado.

Propõe-se, portanto, uma revisão que incorpora as vantagens do sistema de defesa pública mas não põe em causa a liberdade e independência que caracterizam a advocacia, obedecendo aos seguintes princípios:
- A defesa deve ser assegurada por advogados independentes e não por juristas-funcionários do Estado;
- Os defensores devem ser recrutados por concurso e ter maior qualificação técnica e mais disponibilidade, com um sistema de vinculação temporária ao Estado por contrato;
- É necessário garantir o respeito pelo direito constitucional à escolha do defensor;
- A gestão do sistema deve ser assegurada por entidade pública autónoma do Estado e não pela Ordem dos Advogados, assente exclusivamente em critérios de interesse público;
- Têm de ser criados mecanismos de remuneração adequada e digna e financeiramente comportáveis, plenamente transparentes e fiscalizados.

# RELATÓRIO
# LINHAS DE REFORMA DO PROCESSO PENAL

# Nota introdutória

**Motivação e orientação geral**
Sem atingir a dispersão que caracterizava os últimos anos de vigência do Código de Processo Penal (CPP) de 1929, a acumulação de reformas pontuais e parcelares, portadoras de novas formalidades e de novas regras técnicas, sem uma reflexão de conjunto sobre as implicações das diversas reformas nas suas linhas estruturais e nas alterações que a esse nível se imponha levar a cabo, ameaçam a coerência do nosso processo penal e, aqui e ali, parecem pôr mesmo em causa a sua inteligibilidade e operacionalidade.

Parece-nos, pois, ser hoje inegável a oportunidade da discussão sobre a necessidade duma reforma mais profunda e consistente do processo penal, que equacione com seriedade a reafirmação, abandono ou alteração de algumas das suas linhas estruturais – sem preconceitos, mas de forma ponderada, equilibrada e coerente –, de modo que este possa cumprir melhor as suas finalidades complexas e muito vezes antitéticas, mas cuja realização simultânea é imposta pela importância decisiva que têm todas elas num Estado de Direito Social. "O novo paradigma judiciário [social] perspetiva a eficiência do sistema como condição básica de um exercício da força pública constitucionalmente limitado e proporcional. Uma perseguição penal ineficiente nos meios de investigação que utiliza e no tempo que dura é desproporcional. Deste modo, a "funcionalidade do sistema de direito penal" ganha uma imprescindível dimensão constitucional e converte-se em um dos critérios orientadores da reforma penal."[1]

Na verdade, apesar da eficiência, da economia e da celeridade serem objetivos invocados em todas as revisões do CPP de 1987, vai vingando cada vez mais a ideia que, sobretudo no que respeita à criminalidade complexa e que envolve pessoas de mais elevado estatuto económico e social, o julgamento e o trânsito em julgado de decisões condenatórias, chegam, quando chegam, intoleravelmente tarde. Dizia o Prof. F. Dias logo em 1983, pronunciando-se sobre a necessidade de reforma do processo penal português e algumas orientações fundamentais da mesma, que "A duração excessiva do processo penal ... constitui uma das causas mais profundas e justificadas da atual insatisfação da opinião pública com o funcionamento do sistema penal. Não se trata já só dos chamados «processos penais monstruosos» em que a pluralidade de arguidos, de ofendidos ou de infrações acusadas, ou a excecional complexidade ou especialização do substrato de facto, determinam uma insuportável dilação do trânsito em julgado da decisão. Trata-se sim de um problema geral da administração da justiça penal, que afeta a duração média do processo penal e, portanto, mesmo a causa penal mais vulgar e quotidiana"[2].

Sem esquecer que é da responsabilidade do poder político a iniciativa e definição das reformas legislativas, não deixamos de ter presente que também sobre os Tribunais e os seus agentes vai pesando cada vez mais o descontentamento e a frustração dos cidadãos pelas lacunas e ineficiências da administração da justiça, pelo que não podem os juízes deixar de participar nessa discussão, independentemente de quaisquer intervenções institucionais que venham a ter lugar no futuro.

Maior responsabilização de cada sujeito no processo penal e redefinição ou mera clarificação dos respetivos papéis, quer através de alterações a introduzir nas fases do processo comum, quer mediante o aprofundamento e eventual alargamento das soluções de diversão e consenso, parecem-nos ser caminhos que vale a pena trilhar.

---

[1] Cf. Paulo Pinto de Albuquerque e autores por ele citados, *A Reforma da Justiça Criminal Em Portugal e na Europa*, Coimbra: Almedina, 2003, p. 704

[2] Jorge de Figueiredo Dias, "Para uma reforma global do processo penal português" *in*: AAVV *Para uma nova justiça penal*, Coimbra: Almedina, 1996, p. 221

Não são, porém, apenas ganhos de economia e celeridade que procuramos, apesar de estarmos convencidos – em sintonia com muitas das vozes que se pronunciam sobre o tema da reforma – da importância destes ganhos para os legítimos direitos dos arguidos e das vítimas e para salvaguarda da autoridade democrática da administração da justiça e da confiança que nela devem ter os cidadãos. Conscientes das críticas e reservas que, um pouco por toda a Europa, as reformas dirigidas à maior celeridade e eficácia do processo penal têm suscitado na doutrina mais conceituada, preocupa-nos igualmente a eventual perda de garantias efetivas por parte dos arguidos e alguma descaraterização do processo penal tradicional.

Parece, pois, que qualquer reforma séria do processo penal deve ponderar igualmente a necessidade de manter um processo equitativo, orientado pelo princípio da igualdade de armas entre a acusação e a defesa, o princípio da defesa efetiva e a salvaguarda da participação de todas as *partes* na construção da decisão final tão cedo quanto o permitam as necessidades incontornáveis da investigação criminal.

Importa também, de forma clara, reafirmar a opção do modelo acusatório processual penal vigente desde 1987, onde o Ministério Público surge como a figura central nas fases preliminares do processo, na medida em que lhe incumbe a titularidade da ação penal, sendo o julgamento da competência de juízes independentes e imparciais.

Modelo que só faz sentido com a garantia da independência dos tribunais e se estiver constitucionalmente consagrada a autonomia do MP e um alto grau de independência da respetiva estrutura face ao poder executivo.

As alterações que propomos – assumidamente parciais e incompletas – incidem sobre alguns dos aspetos que julgamos estar entre os mais relevantes para uma reforma efetiva do processo penal, independentemente de respeitarem ao inquérito, à fase de instrução, à fase de julgamento ou aos recursos.

Embora a diminuição da duração dos processos mais complexos constitua a finalidade última do conjunto de propostas que apresentamos, muitas delas só indiretamente o atingirão, na medida em que lograrão antes reduzir o tempo médio da generalidade dos processos. É o que sucede com as alterações que propomos para a fase de instrução e, sobretudo, com a abertura a formas de justiça negociada que constituam alternativa à acusação ou ao julgamento em número significativo de casos. Pretende-se desse modo libertar meios humanos e materiais que possam ser afetados aos processos mais exigentes e demorados.

Já as alterações propostas em matéria de prazos de duração do inquérito visam atingir diretamente o objetivo proposto, procurando ganhar tempo logo na fase inicial do processo, sem pôr em causa o interesse público na perseguição dos crimes e as garantias dos cidadãos envolvidos.

Outras vertentes do problema foram apenas afloradas, por falta de condições para irmos mais além na reflexão sobre os problemas e na fundamentação das sugestões que, ainda assim, não quisemos deixar de enunciar, pois pensamos que sugerem alterações importantes a introduzir. Referimo-nos sobretudo a aspetos relacionados com os recursos, nomeadamente o que respeita aos efeitos do recurso para o tribunal constitucional, regime de julgamento do recurso da sentença em aspetos pontuais e, apesar de só indiretamente se ligar à matéria dos recursos, as proibições de prova.

No que respeita à estrutura e conteúdo do presente relatório, procurámos evitar o risco duma exposição de tipo académico mas também não quisemos limitar-nos à mera enunciação de conclusões. Optámos, assim, por fundamentar as nossas propostas com algum detalhe, ainda que de forma desigual entre os temas face a limitações de tempo que nos impusemos, procurando ter em conta a doutrina portuguesa pertinente, sobretudo a mais recente – aqui incluindo os textos oriundos dos tribunais –, estudos sociológicos e estudos de opinião relativos a Portugal, alguma doutrina estrangeira a que tivemos acesso, bem como jurisprudência do Tribunal Europeu dos Direitos do Homem (TEDH) respeitantes aos temas objeto da nossa discussão e, ainda, a documentação das principais organizações internacionais, *maxime* da União Europeia e do Conselho da Europa.

O texto encontra-se dividido em tantas partes quantas as fases do processo, individualizando ainda as propostas relativas a alguns dos temas que são transversais a todas as fases, como é o caso da defesa.

Começamos, porém, com o que nos parece constituir questão prévia essencial a qualquer reflexão sobre a reforma do processo e que deve acompanhá-la desde a sua génese.

I
# O processo penal e o sistema judicial

**1. A relevância do impacto da reforma do processo penal no sistema judicial**
O primeiro aspeto que a experiência judiciária nos revela, respeita ao impacto que uma qualquer reforma do processo tem no conjunto do sistema judicial e, portanto, à necessidade de incluir a ponderação sobre esse mesmo impacto na discussão de uma reforma do processo penal. Ora, as sucessivas reformas das leis penais (do Código Penal e do Código de Processo Penal), com maior incidência nas mais recentes, vieram avivar inúmeras questões a propósito das repercussões sociais e políticas do funcionamento da justiça criminal e da atividade da tutela jurisdicional, nessa área mais sensível do direito e da regulação social que é a criminal ou penal. Do muito que se pode dizer sobre o impacto de uma reforma na legislação penal, nomeadamente com o alcance que esta última reforma penal portuguesa veio a ter, destacaríamos a importância que tem e sempre deveria ter tido a ideia de «sistema», ou seja a importância da justiça penal como elemento da boa governação e as suas condicionantes em todo o sistema de justiça.

Na verdade, a desconsideração das múltiplas implicações que tem uma determinada alteração legal para a atividade da justiça no seu todo, e, por aí, para a tutela jurisdicional penal, pode fazer descobrir um conjunto de disfuncionalidades ao nível da organização e gestão dos tribunais, do processamento dos casos judiciários e da correspondente litigância, que é gerador de inesperados e perversos efeitos, incompatíveis com as finalidades que estiveram na motivação da reforma.

Tudo isto potenciado pela particular sensibilidade com que o ambiente social e comunicacional da nossa sociedade atual se disponibiliza para amplificar e caracterizar essas disfunções da justiça criminal, a um nível mais imediato ou superficial. Ambiente em que a projeção social sobre a justiça se encontra muito marcada pela cena mediática e pelas apreensões coletivas geradas por determinados casos judiciários mais propícios à "dramatização" judiciária e criminal. O que quase sempre se traduz no enunciado do mau funcionamento da justiça portuguesa, que é demorada, incompreensível e de pouca qualidade. E essa implicação, nessa medida, vai gerando a degradação do nível de confiança nos tribunais.

Se é certo que as garantias procedimentais ligadas com a prossecução criminal devem ser apuradas e levadas a sério, desde o decisor legislativo, passando pelo decisor jurisdicional até ao plano da execução das penas, a verdade é que a definição do como, do modo e do tempo em que se praticam os atos e em que se realiza a atividade jurisdicional não pode entrar em dessintonia com a capacidade básica do sistema judicial em responder a essas exigências procedimentais[3].

A título de exemplo, refira-se que o encurtamento dos prazos de prisão preventiva tem implicações na estrutura da litigância pendente nas diversas fases processuais (inquérito, instrução e julgamento), a qual, assim, vai oscilando, com grande impacto conjuntural, das estruturas do MP para os Tribunais; que um maior detalhe da intervenção jurisdicional nos meios de obtenção de prova de maior complexidade (v. g. interceções de comunicações telefónicas ou por meios eletrónicos) tem uma incisiva repercussão na gestão do tempo da atividade do juiz

---

[3] Damaška fala, a este propósito, da necessidade de ter em conta a tensão inevitável entre as pressões pragmáticas e as pressões ideológicas a favor das reformas processuais penais, isto é, a indispensável conciliação entre as salvaguardas processuais e as considerações pragmáticas no processo penal – assim, Mirjan Damaška, "Aspetos Globales de la Reforma del Processo Penal ", *in: Reformas a la Justicia Penal de las Americas*, Washington: Fundación para el Debido Processo Legal, 1999, pp. 56-57.

instrutor ou de julgamento; que a consagração de um maior número de direitos processuais às partes, designadamente ao nível da instrução probatória, tem implicações na menor ou maior extensão das diligências e das audiências de julgamento; que o alargamento das causas de impedimento em juiz aplicador de medidas de coação gera dificuldades ao nível da disponibilização dos recursos jurisdicionais para o julgamento; que o regime mais apertado de competência do tribunal de julgamento ou de composição do coletivo nos casos de reenvio do processo pelo tribunal de recurso gera a mesma dificuldade na organização e gestão dos mesmos recursos jurisdicionais; que o maior nível de intervenção do juiz de execução das penas na faceta administrativa e jurisdicional do cumprimento das penas irá implicar uma concentração e ampliação de meios humanos e questionar a competência do tribunal da condenação enquanto tribunal da execução das penas; ou, mais ainda, que o aumento do grau de exigência ao nível da fundamentação de todas as decisões jurisdicionais que são proferidas no processo transforma as várias instâncias processuais em penosos e demorados contenciosos anulatórios.

Salienta-se, também, como paradigmática desse impacto das reformas processuais, a previsão de um mecanismo de reabertura da audiência de julgamento para aplicação no tempo da lei penal mais favorável (mesmo) para além do trânsito em julgado que, por via da sua aplicação recorrente aos casos respeitantes a processos em fase de execução de pena de prisão inferior a cinco anos, gerou o aparecimento de um número elevado (e quase massificado) de requerimentos com vista à prossecução daquela finalidade. Tudo isto, obviamente, com o agendamento de inúmeras audiências de julgamento com que o sistema judicial, no seu funcionamento regular, não contava, gerando estranheza ao nível da articulação da autoridade do caso julgado e motivando inúmeras divergências jurisprudênciais tanto ao nível da extensão do regime como das provas admissíveis.

Não se trata aqui de questionar, como é óbvio, o acerto das soluções materiais ou procedimentais de determinada reforma penal, no sentido de vir a reforçar os mecanismos de garantia ou de rigor na atividade jurisdicional em determinadas matérias ou institutos jurídicos. Trata-se, outrossim, de respeitar as condicionantes próprias de um sistema judicial, tanto de origem organizativa como de capacidade técnica e produtiva, inserindo o indispensável sentido prático ou pragmático na equação das reformas e do estudo do impacto legislativo. Tudo isto sob pena de um inevitável malogro das boas intenções reformistas da política criminal ou de um perverso e negativo resultado das inovações, tudo redundando em lacunas da justiça, de proteção dos bens jurídicos, de proteção das vítimas e da eficácia preventiva[4].

As finalidades próprias do judiciário são prosseguidas, efetivamente, mediante determinada atividade organizada inserida, enquanto tal, num quadro institucional tomado como o mais apropriado. Nessa medida, o sistema vai gerando determinados procedimentos segundo normas previamente estabelecidas – ordem formal e processual –, discernindo o tempo e o modo de prática dos atos correspondentes, a conformação do debate estabelecido entre as partes e entre estas e o tribunal, oferecendo as garantias necessárias quanto à forma pelas quais as causas são instruídas, julgadas e decididas.

## 2. Uma visão sistémica do processo ajustada à nova realidade social e económica

O posicionamento que é clássico ao nosso direito, de pendor normativista, gerou uma noção do processo direcionada para a conformação teórica da ação, do seu objeto, dos pressupostos processuais e da decisão judiciária, sem que a sua inserção problemática tivesse, pelo menos de

---

[4] "Recuperamos (...) o argumento – em geral desvalorizado porque aparentemente portador de menor dignidade constitucional – da perturbação da justiça. Um problema que, decididamente, não pode encarar-se apenas como meramente instrumental ou "de intendência", como se nele se prestasse homenagem a um neutro ethos de "stakhanovismo" judiciário. Por aqui passa, com efeito, a eficácia de uma justiça criminal, consabidamente de meios escassos e braços curtos. Na certeza de que as suas lacunas ou ausências são lacunas de justiça, de proteção de bens jurídicos, de proteção das vítimas, de eficácia preventiva, fazendo inversamente adensar o fantasma da anomia e do desregramento" – assim, Manuel da Costa Andrade, *"Bruscamente no verão Passado", a reforma do Código de Processo Penal – Observações críticas sobre uma Lei que podia e devia ter sido diferente*, Coimbra: Coimbra Editora, 2009, p. 83, fazendo depois menção ao Ac. do Tribunal Constitucional (TC) 644/98, e ao argumento sólido da "perturbação na ordem dos tribunais", na *op. cit.*, p. 86.

forma habitual, considerações de índole política, social, económica e sistémica[5].

Qualquer modelo de justiça penal, embora no respeito das suas características específicas e da sua tradição institucional, deve estar preparado para gerir a complexidade e adequar-se ao tratamento dos vários níveis de criminalidade (pequena, média e grande)[6], com formas de resposta diversificadas, tanto ao nível da estrutura processual, como no plano das reações concretas. O que está em causa é o tratamento diferenciado e diversificado do procedimento em função dos interesses também eles diferenciados que percorrem as várias formas de criminalidade, não prescindindo no entanto, de atingir um ponto de equilíbrio dos interesses conflituantes. E, nesse âmbito, o modelo penal português deverá estar apto a "responder às exigências impostas pelos objetivos complexos e com momentos de tensão dialética próprios da aplicação da justiça penal – a eficácia e o rigor, numa estrutura e num ambiente garantístico e em tempo razoável"[7].

---

[5] Alertando para esse facto e, mais ainda, para a necessidade de uma teorização geral do processo que atenda a outros domínios do saber para além da mera juridicidade, Loïc Cadiet / Jacques Normand / Soraya Amrani Mekki, *Théorie générale du procès*, Paris: Presses Universitaires de France, 2010, pp. 13-35.

[6] Assumindo a exigência e mesmo emergência de uma política criminal diferenciadora em que aquele ponto de equilíbrio «deve ser um para a criminalidade geral, mesmo quando deva reputar-se grave ou muito grave e deve ser outro, e diferente, para a grande e nova criminalidade, concretamente para o terrorismo e a criminalidade organizada», cf. Jorge de Figueiredo Dias, "O processo Penal português. Problemas e perspectivas", *in*: AAVV, *Que futuro para o direito processual penal?*, Coimbra: Coimbra Editora, 2009, p. 812, Idem, "Sobre a revisão de 2007 do Código de processo penal português", *Revista Portuguesa de Ciência Criminal*, 18, 2-3, 2008, p. 384.

[7] Assim, no que respeita à mudança de paradigma do sistema penal, para a diferenciação procedimental e para o eficientismo, Luigi Ferrajoli, *Derecho y razón. Teoría del garantismo penal*, Madrid: Editorial Trotta, 2006, pp. 750-762; e António Henriques Gaspar, "O Sistema Judicial Português e a Justiça Criminal", *in*: AAVV, *A Justiça Criminal nos dois lados do Atlântico – Teoria e Prática do Processo Criminal em Portugal e nos Estados Unidos da América*, Lisboa: Fundação Luso-Americana para o Desenvolvimento, 1998, p. 43. Este último autor continua a descrever a segmentação horizontal dos vários níveis de criminalidade – pequena, média e grande –, a qual não poderá deixar de implicar diferentes reações

Isto não faz esquecer, muito pelo contrário, que o direito tem também por função, dentro das sociedades modernas, a elaboração de normas práticas e a sua aplicação nos casos litigiosos, submetendo-os aos limites de uma ética da discussão que condiciona a aceitação racional dessas normas e, por consequência, também a sua legitimidade. Uma decisão justa supõe, nessa medida, um procedimento correto, sendo que as regras processuais não são formalidades vazias de sentido. Elas são essenciais pois organizam o debate que é indispensável à justa aplicação das regras jurídicas. As regras processuais modelam, ao nível judiciário, os princípios da ética da discussão. As vias procedimentais são pois importantes para o direito enquanto tal e são elas próprias constitutivas das posições jurídicas, e afirmam-se também enquanto direito, sendo pois integrantes do processo decisional, sendo a decisão, finalidade última dos procedimentos, devidamente articulada, aceite, legitimada e validada por via da sua conformidade com os traços, as formas e os fundamentos essenciais do processo. Daí a importância da consagração jusfundamental dos direitos ligados à garantia de acesso à justiça e à estruturação da ordem processual pelas normas constitucionais, tudo isto na temática dos direitos processuais fundamentais.

Também não pode esquecer-se que o direito à decisão em prazo razoável, tal como dita o enunciado constitucional do artigo 20.º/4, da Constituição Portuguesa (CRP), se deve compatibilizar com as exigências de um processo equitativo e leal (*due process of law*). O que significa que a celeridade não afasta a necessidade de o processo se conformar de modo adequado a assegurar, designadamente, o contraditório, a defesa do arguido, a igualdade de armas, a produção da prova, a averiguação da verdade, a ponderação e a fundamentação da decisão[8]. Desde logo porque o arguido deve ser julgado "no mais curto prazo compatível com as garantias de defesa" – cf. artigo 32.º/2, da CRP.

---

sociais e diferentes reações formais. Consulte-se, neste autor, a preciosa distinção entre os vários níveis de resposta às várias dimensões da criminalidade, culminando na zona da grande criminalidade organizada e emergente – assim, *op. cit.*, pp. 43-45.

[8] Por todos, Ana Luísa Pinto, *A Celeridade no Processo Penal: o Direito à Decisão em Prazo Razoável*, Coimbra: Coimbra Editora, 2008, pp. 69-75.

Mas a verdade é que se torna indispensável, do mesmo modo, gerar uma nova visão sobre a questão processual enquanto objeto da organização e gestão do sistema judicial, aqui mais marcadamente da organização e gestão dos núcleos jurisdicionais correspondentes ao tribunal ou à secção judicial onde cada um dos juízes exerce funções, nas suas múltiplas ligações: com as partes, com o grupo de trabalho da secção judicial, com os seus colegas de tribunal, com os vários tribunais, e, por aí fora num funcionamento em rede até às relações com o sistema no seu todo.

O que tem demonstrado a necessidade de aprofundar as práticas e as estratégias dos atores do processo sobre a utilização das várias dimensões processuais, do espaço, das quantidades e sobretudo do tempo judiciário utilizado e estimado. Sendo o interesse direcionado para os métodos de trabalho dos juízes no que respeita ao decurso e ao tratamento dos processos[9], mas sem esquecer que a prática ensina que os poderes e prerrogativas jurisdicionais dependem também da utilização que deles se faz e da forma como os diversos atores interagem a propósito da litigância, dos processos e nos vários atos, diligências e audiências. Processos que suscitam sempre uma unidade dinâmica organizada e encadeada de formas, tempos, ritos, fórmulas, competências, poderes, prerrogativas, direitos, articulados, requerimentos, inquirições, declarações, esclarecimentos, intervenções, alegações e decisões, elementos esses que são atuados, pelos respetivos sujeitos, no espaço judiciário, com as influências e as interações próprias do ambiente social, político e económico envolvente.

Não sendo aqui de esquecer outro tipo de inferências mais profundas sobre as dinâmicas do direito na sua realização prática – o direito "vivo" (*law in action*) – e as formas de exercício dessa ação do jurídico nas instâncias jurisdicionais, enquanto componentes centrais da arquitetura do sistema jurídico.

---

[9] Percebendo-se se esse processamento dos casos obedece às exigências do tratamento diferenciado dos processos segundo o seu grau de urgência, a sua natureza e a sua complexidade, na linha do atrás mencionado para o tratamento penal diferenciado para os vários níveis de criminalidade.

Esta nova visão do processo implica, na verdade, uma atenção mais cuidada sobre os custos sociais e económicos ligados à duração dos processos, com a apreciação dos fatores conducentes aos atrasos processuais e à melhor forma de os resolver e, finalmente, com a dimensão organizativa da tarefa jurisdicional. Numa definição dos tempos de resposta da atividade jurisdicional – "em tempo razoável" – que seja compatível com todas estas finalidades, pressupostos e valores. Numa duração ideal do processo que garanta a efetividade da tutela judicial, a boa decisão da causa, a justeza do procedimento e as garantias de defesa do arguido. Em que a dinâmica do processo se coloca, no fundo, ao serviço da eficácia, da efetividade, da qualidade e, até, da excelência da justiça.

Uma visão organizativa da tarefa jurisdicional, em que o processo é visto como um verdadeiro instrumento das finalidades da função jurisdicional e integrado numa visão sistémica da realização da justiça, como tem sido defendido pelas mais recentes gerações de processualistas.

Na valorização de um modelo de maior flexibilidade e amplitude na gestão processual, de maior dinamismo e intervenção do juiz, com um acréscimo de instrumentos processuais à disposição, sobretudo nas situações de litigância de massa ou de litigância complexa, a contrastar com o modelo estático de ação individual que fez tradição no mundo do direito. Mas sem quebras ao nível das garantias procedimentais e dos valores invocados, numa compatibilização de valores que não é resolvida por simples decreto legislativo, por melhor que pareça a norma legal.

Tanto a litigância complexa como a litigância massificada têm merecido a atenção dos práticos do direito, dos académicos e dos legisladores, na busca de soluções práticas e pragmáticas aptas ao tratamento e processamento dessas realidades. Repensando-se o processo de cariz tradicional, articulando-se medidas de cariz extraprocessual e estabelecendo regras específicas para esta litigância de cariz diferenciado[10].

---

[10] Daí que o sistema genericamente tenda a expandir-se e a defender-se, nem sempre com as opções mais racionais ou integradas, com soluções que Posner qualificou como paliativos face à pressão das pendências processuais – assim, Richard A. Posner, *The Federal Courts – Challenge and Reform*, Cambridge, Massachusetts, London: Harvard Univ.

Esta dimensão jurídico-processual, como tivemos ocasião de salientar, tem vindo a ser orientada por este tipo de preocupações, tanto do ponto de vista das suas repercussões organizativas e sistémicas como das exigências crescentes com a cidadania e com a valorização da administração da justiça na base da sua eficiência. Salienta-se, a este nível, a abordagem da administração da justiça como um serviço de Estado para o cidadão, a valorizar na base da sua eficiência, e ainda a existência de estudos processuais que se venham a orientar nesta direção, isto em face do modo exclusivo com que a atenção mediática, política e cultural levanta a questão da duração excessiva dos processos.

Com o advento do artigo 6.º/§1 da Convenção Europeia dos Direitos do Homem (CEDH), que proclama o direito de ser julgado num prazo razoável, a celeridade dos procedimentos judiciais tornou-se uma noção de alcance inequivocamente jurídico. A análise desta regra ou princípio, tanto na sua envolvente histórica como sistemática, aqui valorizada, revela que a celeridade não pode ser assimilada pela busca da rapidez a todo o preço.

Torna-se necessário, sim, a introdução de limites para evitar tanto o excesso de lentidão como o excesso de rapidez. Impondo-se certas qualidades ou características fundamentais do processo, no respeito de um modelo processual baseado na diligência de todos os seus atores e na adaptabilidade à diversidade dos próprios casos ou tipo de casos.

E aqui os padrões para aferir da dilação aceitável dos processos têm vindo a merecer um acréscimo de exigência, passando-se da consagração de um prazo meramente razoável, encarado agora como um "limite baixo" (pelo qual se afere da violação ou não violação, v. g., do artigo 6.º

---

Press, 1999, pp. 124-270. Entre outros mecanismos, descritos noutros pontos da explanação, podemos referenciar a emergência das alterações na organização e competência dos tribunais, mormente no sentido da sua especialização, o controlo do tribunal sobre a distribuição e processamento da litigância (incluindo relativamente a processos pendentes em diversos tribunais), a alteração das regras processuais, a gestão dos tribunais (*court management*), a assunção de mecanismos de regulação e gestão dos processos e do respetivo fluxo processual (*case management* e *caseflow management*), a utilização de meios alternativos de composição dos litígios (arbitragem, mediação, diversão e negociação), e a introdução meios tecnológicos de comunicação e informação.

da CEDH), para a definição de objetivos de maior rigor, como a aposta na consagração de prazos otimizados e previsíveis para a resolução dos casos judiciais[11]. Com a definição de prazos de duração ótima ou previsível de resolução judicial dos casos que possam servir como instrumentos operacionais e interorganizacionais, isto é que possibilitem a fixação de objetivos mensuráveis e ajudem a estabelecer um conjunto de boas práticas para o julgamento dos casos em tempo útil[12].

Claro que a prossecução desses objetivos depende sempre da prévia implementação de políticas e a difusão de práticas que assentem na fixação de prazos e dilações realistas e mensuráveis, em paralelo (ou mesmo na sequência) com a definição dos índices quantitativos (econométricos) a seguir, devidamente equacionados, relativos ao número de casos a tratar e ao volume de serviço a conseguir, e que venham a resultar na consagração de regras e práticas de gestão dos casos e dos procedimentos, em que se façam (e possam) respeitar os prazos e em que se divulguem os dados obtidos.

Daí a imprescindibilidade das informações empíricas, dos índices econométricos e de desempenho, dos instrumentos de leitura da realidade processual e da litigância, mas também de todos os elementos conexionados com a oferta judicial, sem os quais nunca será possível a definição de objetivos nem a consequente avaliação de resultados, aos vários níveis de concretização da atividade judiciária, nem, por outro

---

[11] Sobre este novo objetivo – *da duração razoável à duração ótima e previsível* –, em conformidade com um programa quadro de reformas judiciárias e processuais promovido pela Comissão Europeia para a Eficácia da Justiça, consulte-se CEPEJ, *Un nouvel objectif pour les systèmes judiciaires: le traitement de chaque affaire dans un délai optimal et prévisible*, Programme-Cadre adopté par la CEPEJ lors de sa 3e réunion plénière (9–11 juin 2004), *in*: https://wcd.coe.int/ViewDoc.jsp?Ref=CEPEJ(2004)19&Setor=secDGHL&Langua ge=lanFrench&Ver=rev2&BackColorInternet=eff2fa&BackColorIntranet=eff2fa&Bac kColorLogged=c1cbe6.

[12] Quanto a estas boas práticas, consulte-se, também sobre a égide da mesma Comissão Europeia para a Eficácia da Justiça, a referência 2006a, Compendium de bonnes pratiques pour la gestion du temps dans les procédures judiciaires, adopté par la CEPEJ lors de sa 8ème réunion plénière 6-8 décembre 2006, *in*: https://wcd.coe.int/com.instranet. InstraServlet?Command=com.instranet.CmdBlobGet&DocId=1047804&SecMode=1& Admin=0&Usage=4&InstranetImage=134865,

lado, aplicar uma política de gestão racional e flexível dos recursos humanos, isto é, com apelo aos instrumentos de racionalização dos mesmos contingentes processuais.

À visão procedimental sobre a atividade judicial soma-se, dessa forma, uma abordagem de cariz organizativo e de gestão sobre os tribunais e os processos que nestes têm curso. Nesse sentido genérico, a "gestão processual" (*case management*) pode ser vista como (deve ser vista) uma parte integrante da gestão dos tribunais (*court management*). Não deixando no entanto de esclarecer que a distinção dessas definições (e das realidades) é importante não só porque ambos os conceitos podem congregar diferentes problemas e soluções, mas também porque disponibilizam diversos graus de relevância nas diferentes tradições jurídicas (*civil law* e *common law*).

## 3. Técnicas e meios de gestão processual
A influência dos ditames técnicos da gestão processual obviamente que é fortemente marcada pela cultura jurídica envolvida, sendo que nos países de *civil law* o nível de controlo legal é maior, limitando a discricionariedade judicial e a introdução de técnicas de gestão processual no que respeita a aspetos fundamentais da disciplina do fluxo processual e do andamento faseado dos processos. Estamos a falar, mais precisamente, na regulamentação legal da tramitação processual e nas questões relacionadas com a codificação processual.

A gestão processual pode ser definida, nesta aceção, como a intervenção conscienciosa dos atores jurisdicionais no tratamento dos casos ou processos, através da utilização de variadas técnicas com o propósito de dispor as tarefas de um modo mais célere, equitativo e menos dispendioso[13].

Segundo referem os variados manuais de procedimentos (*case management*) produzidos pelo mencionado Federal Judicial Center, o *case management* deve ser direcionado para a confeção e configuração dos procedimentos judiciais e das técnicas no sentido da avaliação dos

---

[13] Cf. Héctor Fix-Fierro, *Courts, Justice & Efficiency – A Socio-Legal Study of Economic Rationality in Adjudication*, Oxford and Portland: Hart Publishing, 2003, pp. 229.

recursos disponíveis e das necessidades do caso[14]. Adicionaríamos, aqui, que a gestão pode ser de cada um dos casos e do somatório de casos em presença – "caso" como tipo de casos e "caso" ainda como somatório de casos, adequando-se assim as referências sempre flexíveis e relativizadas aos elementos de consideração de uma determinada unidade processual[15].

Ora, como os casos são diferem, eles requerem diferentes graus e formas de intervenção "gestionária". Compreender-se-á que à natureza complexa, rotineira, massificada ou, por outra via, singular do caso ou casos, corresponda a utilização de procedimentos judiciais diferenciados e compatibilizados dentro do respeito pelas regras legais e pelos princípios consagrados de cariz processual

As ferramentas ou instrumentos utilizados para conseguir a gestão e a organização das tarefas (*case management*)[16], do fluxo processual (*caseflow management*)[17] e de outras atividades acessórias, são, no fundo, técnicas e métodos de racionalização das tarefas judiciárias que per-

---

[14] Com referência, *v. g.*, ao manual de 1992, *Manual for Litigation Management and Cost and Delay Reduction* – cf. *Federal Judicial Center*, 1992, p. 2. Sendo que no manual de 2004 para a litigância complexa o mesmo *Federal Judicial Center* refere que "os juízes deverão talhar os procedimentos de gestão do caso de acordo com a necessidades específicas do tipo de litígio em presença" – cf. *Federal Judicial Center*, 2004, p. 8.

[15] Daí a consideração de mecanismos de relacionamento da litigância, tanto quando dispersa em casos separados como quando congregada no mesmo processo, o que pode fazer concluir pela necessidade, a apreciar o mais cedo possível, pela agregação, apensação ou distribuição uniforme dos casos, ou pela autonomização ou separação processual dos vários casos.

[16] Cf. Steven Flanders, *Case Management and Court Management in United States District Courts*, Washington: Federal Judicial Center, 1977, pp. 17-51 e, Edward A. Infante, *Judicial Case Management in the Federal Trial Courts of the United States of America*, 1994, *in*: http://siteresources.worldbank.org/INTLAWJUSTINST/Resources/FederalCaseMgmt.pdf.

[17] Cfr. David C. Steelman / James E. McMillan / John Goerdt, *The Heart of Court Management in the New Millennium*, Williamsburg: National Center for State Courts, 2000; John Goerdt / David C. Steelman, "Improving caseflow management: a brief guide", *in*: *National Center for State Courts*, 2004, *in*: http://www1.worldbank.org/publicsector/legal/Improving%20caseflow%20manag%20-%20a%20brief%20guide.DOC e Robert W. Tobin, *Creating the Judicial Branch – The Unfinished Reform*, National Center for States Courts, New York: Authors Choice Press., 2004, pp. 187-191

mitem, v. g., proceder a um agendamento capaz, a uma calendarização do trabalho e a uma organização intra e interprocessual consistentes e com o grau de eficácia bastante para lidar com as situações de litigância de massa e complexa. Mas para obter, da mesma forma, um consistente percurso dos casos judiciários, de forma leal e justa para com todos os sujeitos envolvidos, introduzindo qualidade, segurança e previsibilidade à tramitação, assegurando um tratamento equitativo a todos os litigantes e também, sobretudo, garantindo a efetividade da tutela jurisdicional[18].

Entre essas técnicas de gestão processual podemos encontrar:
- a utilização de mecanismos de agregação formal ou informal de processos;
- a flexibilização da distribuição (isto é, da afetação dos processos) e do fluxo processuais;
- o agendamento comum ou o proferimento de despachos/decisões uniformes ou temporalmente coincidentes;
- a disciplina e o controlo dos tempos investidos nas diligências e nas audiências;
- a enunciação de objetivos quantitativos e qualitativos;
- a programação das tarefas e do serviço;
- o agendamento e a sua programação;
- a utilização de ferramentas eletrónicas de programação e calendarização das tarefas e dos contingentes processuais;
- a utilização de meios audiovisuais nos procedimentos e atos processuais, incluindo em julgamento;
- a introdução de programas de gestão computacional;
- a manipulação das virtualidades da documentação eletrónica, com a criação de modelos decisionais ou de blocos de texto de tratamento de questões jurídicas;

---

[18] Numa síntese dos objetivos pretendidos pelas técnicas do *caseflow management* tal como descritos por David J. Saari, *American Court Management: Theories and Practices*, Westport: Connecticut Quorum Books, 1982, pp. 75-77. Claro que para a obtenção de tais objetivos e para a realização dos princípios definidos há que fazer uso de conceitos e de um instrumental adequado, assim como do estabelecimento de objetivos, de uma estratégia de acompanhamento (monitorização) dos processos e de responsabilização pelo cumprimento de tais objetivos e princípios de gestão (*accountability*).

- a implementação de *guidelines* para despachos e decisões (sentenças e acórdãos) de maior complexidade ou, por outra via, para resolução de "situações tipo" (criando modelos padronizados e concisos para a formulação de decisões escritas);
- o emprego de auxiliares funcionais ou assessorias para o expediente processual ou para as tarefas mais rotineiras ou materiais, incluindo com delegação de poderes; e
- a utilização de dispositivos processuais de mediação e conciliação das partes.

A questão da gestão processual encontra-se diretamente conexionada, cada vez com maior acuidade, com a crescente utilização dos meios informáticos e das demais tecnologias de informação no tratamento dos processos – o que inclui a digitalização e a desmaterialização dos atos processuais[19] – e na circulação da informação e dos dados referente à realidade processual e dos tribunais. Sem que, com isso, se descure a elaboração de peças processuais ou ofícios tipificados e com os circuitos telemáticos de informação[20].

---

[19] Com o uso de ferramentas eletrónicas tais como aquelas desenvolvidas, pela Direção--Geral da Administração da Justiça (Divisão de Sistemas de Informação), em torno do programa "Habilus" (para utilização nas secretarias judiciais) e do programa "Citius" (para utilização dos magistrados, para a distribuição eletrónica, para a apresentação eletrónica dos atos processuais de parte [peças processuais e documentos] e para a consulta dos autos por via eletrónica), e as desenvolvidas pelo Instituto das Tecnologias de Informação na Justiça, relativamente às aplicações SGI – Sistema de Gestão de Inquéritos, SITAF – Sistema de Informação dos Tribunais Administrativos e Fiscais e de gestão processual nos tribunais superiores, algumas a desenvolver com migração para as aludidas aplicações Habilus e Citius – cfr. ITIJ – Instituto das Tecnologias de Informação na Justiça (2007), pp. 64-93. Para a justiça cível salienta-se o programa de "desmaterialização, eliminação e simplificação de atos e processos" através da utilização intensiva das novas tecnologias que veio a ter concretização, pela via da previsão da tramitação eletrónica dos processos nas próprias regras legais processuais – cf. artigo 138.º-A do Código de Processo Civil (CPC), depois regulamentado pela via menos solene da Portaria. No fundo a perspetiva de um processo telemático que se afirma com as suas características próprias e que necessita ser apurado em todos os seus corolários.

[20] Salienta-se no que respeita à ferramenta "Citius" que ela possibilita aos juízes, pelo menos no seu catálogo de funcionalidades, conhecer os processos que lhe estão atribuídos, organizar e gerir os processos, elaborar eletronicamente e *on-line* os seus despachos

## 4. Gestão processual – principais áreas de incidência no processo penal

A gestão processual, assim considerada, pode e deve vir a ter incidência em diversos momentos da fase processual e deve ser articulada, nos seus termos, com os princípios e as regras da organização judiciária. Sem descurar, como tivemos ocasião de salientar, todas as exigências que são próprias da vital natureza garantística do processo penal.

Nessa aceção podemos afirmar que a dimensão da gestão processual deve assumir particular incidência em determinadas matérias e momentos da tramitação processual:
- concentração e desconcentração processual;
- poderes do magistrado do MP e do juiz que presidem às fases processuais correspondentes;
- distribuição para as diversas fases processuais (inquérito, instrução, julgamento e recurso);
- recebimento da acusação para a instrução;
- recebimento da acusação para julgamento;
- tramitação da instrução e do julgamento; e
- recebimento do recurso.

E parece-nos, também assim, que a gestão processual poderá vir a ter uma incidência diferenciada em face da natureza dos atos em causa: v. g. medidas de coação; meios de obtenção de prova; instrução; duração e tempos dos atos; incidentes; etc.

O CPP distingue e define já no seu artigo 1.º a criminalidade complexa e organizada (alínea m). Também no seu artigo 215.º/3/4 faz apelo à possibilidade de um decretamento da excecional complexidade para efeitos dos prazos de duração máxima das medidas de coação detentivas da liberdade, tendo em conta, entre outros critérios, o número de arguidos ou de ofendidos ou ao caráter altamente organizado do crime.

### 4.1 Introdução no CPP do princípio da diferenciação

A diferenciação pode, no entanto, ultrapassar estas manifestações normativas já concretizadas para ser, ela própria, um princípio que

e sentenças, criar e utilizar decisões-tipo ou modelos, remeter as decisões e o processado para a secretaria por via telemática, consultar o processo atravessa todo o processo penal, desde a fase de investigação até ao recurso, sobretudo por referência à questão da celeridade.

Trata-se de dar forma normativa a um princípio que tendo a sua dimensão nuclear na exigência do direito ao processo num prazo razoável, tem outras repercussões em todo o procedimento, nomeadamente em questões como a concretização de simplificação processual ou o desenvolvimento de uma cultura gestionária que, sem pôr em causa os direitos fundamentais, nomeadamente os direitos de defesa, permita ao responsável pela fase processual, agilizar o procedimento.

É certo que neste âmbito e já com alguma consistência normativa, o CPP prevê desde o seu início formas processuais especiais, que constituem um caminho fundamental na resposta ao tratamento diferenciado da criminalidade, como concretização do princípio da celeridade processual. O arquivamento condicional, a suspensão provisória do processo, o processo sumaríssimo ou o dispositivo previsto no artigo 16º/3 CPP, são formas de diferenciação no tratamento dos casos. Será importante, no entanto, introduzir nas *Disposições preliminares e gerais* do CPP um princípio de diferenciação que, sem perda das garantias procedimentais, possa vir consagrar uma maior adequação formal do processo e da sua tramitação às qualidades específicas do caso e dos casos judiciais em presença, segundo as suas diferenciadas tipologias na litigância e dando resposta às exigências organizacionais. Tratamento diferenciado dos processos e dos casos judiciais e segundo as exigências próprias de uma verdadeira e integrada gestão processual.

No que tange à distinção dos vários níveis e graus de criminalidade – pequena, média e grande –, deverá também corresponder um idêntico grau de importância e complexidade da tramitação, das garantias e da resposta instrutória.

### 4.2 As regras sobre distribuição de processos
A distribuição processual é outra das matérias tidas como essenciais para desenvolver as capacidades e os objetivos da gestão processual. A existência de regras de distribuição, segundo critérios de forma de processo ou de especial consideração processual, e nomeadamente a existência de regras de especial distribuição, visa sempre igualar o trabalho entre os vários juízes nos processos de maior peso e determinar

que alguns mecanismos especiais de gestão processual e do tribunal (incluindo de recursos humanos adicionais), possam vir a efetivar-se.

É necessário colmatar a ausência de regras legais de distribuição que possam resolver estas exigentes e inadiáveis necessidades que são levantadas pela litigância complexa e massificada com que se debatem os tribunais. Temos, todos, a noção que, nos últimos anos, a justiça portuguesa tem sido confrontada – e de uma forma especial os tribunais criminais – com processos de cada vez maior complexidade e sensibilidade sociais, merecendo o respetivo processamento, em conjunto com os demais, uma adequada gestão, desde o momento da sua entrada e distribuição em juízo, passando pelo julgamento e até à prolação da decisão final. A esta maior complexidade tem correspondido uma maior dificuldade na colocação dos juízes auxiliares em regime de substituição ou de reforço de meios humanos (juízes auxiliares substitutos ou do quadro complementar de juízes) que permita compatibilizar uma gestão qualificada da atividade do tribunal.

Qualquer regra prática que venha a ser encontrada tem de ser adequada aos princípios básicos que estruturam a ordem processual e o exercício independente e autónomo dos tribunais, designadamente os princípios do juiz natural (pré-determinação legal do juiz ou tribunal do julgamento), e da lealdade, clareza e transparência na distribuição e tramitação processuais. São particularmente sensíveis, do mesmo modo, neste âmbito, as regras consequentes da proibição do desaforamento de processos e da inamovibilidade dos juízes.

Como se sabe o modelo de distribuição nos tribunais judiciais é o do CPC que a formata imperativamente em função de espécies tipificadas. O CPP não contém normas semelhantes no que toca à definição de espécies de distribuição, mas a convocação do outro código como lei subsidiária conduz a que também os processos criminais sejam distribuídos por espécies definidas pela forma. Ora, tal impede a classificação de espécies na distribuição em função da complexidade real de cada processo em concreto, o que origina distorções de quando em quando na igualação das cargas de serviço nas secções e nos juízes. Em nenhuma circunstância se admite na lei a redistribuição de processos. Mas se olharmos para a prática – diríamos que irregular – dos tribunais superiores, encontramos muitas situações de redistribuição pelos relatores, engendradas pelos presidentes para colmatar situações muito diversas de menor produtividade. Prática que, sendo justificada, não assenta em critérios gerais e abstratos que tornem inquestionável a sua legitimidade.

Por outro lado, olhando para a orgânica judiciária, verificamos que, sendo os processos distribuídos em primeira linha a uma secção e, só depois, a um juiz, o modelo cego de distribuição não facilita a especialização de secções ou outras unidades de apoio em determinadas matérias específicas no âmbito da mesma competência dos juízos.

É na distribuição dos processos que reside um campo largo de inovação na gestão do tribunal e na gestão processual. A Nova Lei Orgânica e do Funcionamento dos Tribunais Judiciais (NLOFTJ) bebeu muita da sua inspiração na reforma dos tribunais administrativos de 2002. Mas não incorporou as inovações desta em matéria de distribuição. Inovações que eram retiradas da prática já seguida em muitos tribunais judiciais – e de legalidade discutível – de fixar categorias (espécies) de distribuição diversas das previstas na lei, ajustando-as à complexidade efetiva das matérias e de modo a distribuir equitativamente as cargas de serviço, de acordo com critérios próprios. Em vários tribunais (nos tribunais superiores, inclusivamente) classificam-se como espécies próprias, para a distribuição, os mega-processos ou outros processos de complexidade elevada ou até diminuta, em função da matéria específica ou do tempo que exija a resolver. Iguala-se assim a real carga de trabalho, obsta-se a acumulações de serviço em consequência de distribuições "azaradas" e impede-se o desperdício de recursos que poderiam ser mobilizados para colmatar essas acumulações. Também em muitos tribunais, os juízes, voluntariamente, dispõem-se a ajudar colegas, menos produtivos ou mais sobrecarregados, fazendo julgamentos, saneadores ou sentenças em processos distribuídos a esses colegas numa efetiva operação de redistribuição. Práticas que não são regulares. Ora estas podem ferir o princípio da pré-determinação legal do juiz (juiz natural) e, se desreguladas, conduzir mesmo a problemas jurídicos complexos, sobretudo na área penal.

Não é isso que se faz noutros países e, entre nós, nos tribunais administrativos e fiscais. Nestes tribunais (TAF) existe um mecanismo de flexibilização na distribuição (afinal um campo específico da gestão processual e que muito a pode beneficiar) através dos presidentes e do respetivo Conselho Superior, que poderia vir a ser copiado para os tribunais judiciais. O Código de Processo nos Tribunais Administrativos estabelece, de forma muito clara, que a distribuição se faz no respeito pelo princípio da imparcialidade e do juiz natural, mediante espécies fixadas segundo critérios a definir pelo Conselho Superior dos Tribunais Administrativos e Fiscais (CSTAF), sob proposta do presidente de cada tribunal. Depois, o Estatuto dos Tribunais Administrativos e Fiscais estabelece a competência do presidente e a respetiva competência regulamentar do CSTAF.

Assim, deveria ser ponderado que a lei deixasse de definir os critérios e espécies de distribuição, dando lugar a que eles fossem fixados localmente, tribunal a tribunal, pelos presidentes e por regulamento sujeito a homologação do Conselho Superior da Magistratura (CSM). Nesse caso, o regulamento poderia enunciar os critérios objetivos em que haveria lugar à redistribuição. Tal não beliscaria o princípio do juiz natural pois os critérios para a pré-determinação estariam explicitados.

É conhecida a existência de vários tribunais criminais que mediante provimento do coletivo dos juízes que os compõem, visando destacar os processos de maior peso, como de excecional complexidade, para efeitos de distribuição. Todos sabemos que o grau de complexidade de um processo é variável, muito dependente de vários condicionalismos, mas em que teremos sempre de objetivar ao máximo possível os parâmetros e os critérios que se atende para realizarmos, com eficácia e qualidade, as finalidades da função jurisdicional. Mesmo dentro da categoria dos processos de especial complexidade é possível diferenciar alguns que podem vir a ser definidos de especialíssima complexidade, na atenção ao seu embate completamente inusitado na agenda de julgamento ou na consideração da prescrição ou da extinção de medidas de coação.

II
# Fase de Inquérito

O processo penal é a forma do Estado de Direito exercer o *ius puniendi* de que é titular, visando alcançar a paz social, permitir a livre convivência em sociedade democrática e, simultaneamente, transmitir segurança aos cidadãos. É o interesse público a uma proteção judicial de qualidade, em tempo adequado (razoável), que fundamenta a necessidade de estabelecer prazos limite para cada fase processual[21]. Isso supõe compatibilizar, por um lado, o interesse da celeridade com o asseguramento de todas as garantias de defesa com os direitos das vítimas.

Para fixar prazos (razoáveis) o legislador observa o princípio da proporcionalidade, proibindo o excesso (o que está intimamente ligado com o "direito a ser julgado no mais curto prazo compatível com as garantias de defesa" – artigo 32º/2, CRP).

A necessidade de fixação de prazos (enquanto meio processual de realização da justiça e de salvaguarda dos direitos dos cidadãos) justifica uma forte e ponderosa razão para limitar e impor a sua observância em cada fase processual. Explorando os caminhos apontados pelo legislador para combater os atrasos quer na fase de investigação, quer nas demais (v. g. fases da instrução, do julgamento e, depois, dos recursos), cremos que será de exigir maior responsabilização de todos os sujeitos

---

[21] Sobre a razão de ser da existência de prazos, v. Pinto (n. 8), p. 89 e ss.

processuais, o que também obriga a que sejam conhecidos os motivos que levam a que o processo não seja decidido ou não avance em prazo razoável.

Particularmente no que se refere ao inquérito essa responsabilização, que o legislador tem vindo a incentivar, terá de envolver toda a hierarquia do MP (já que é dessa forma que essa magistratura se mostra estruturada), para que sejam encontradas melhores soluções (viáveis na prática) visando a conclusão em prazo razoável dessa fase processual (o que, aliás, também está de acordo com a medidas já introduzidas relativas à gestão dos tribunais de comarca, previstas nomeadamente no artigo 90º/3, da L 52/2008, de 28.8 – NLOFTJ – no âmbito das competências do Magistrado do MP coordenador[22]).

Estas linhas de orientação que nos parecem dever nortear a discussão em matéria de prazos, levam-nos a apresentar, a favor de discussão bem mais ampla e participada, as seguintes sugestões: (I) estabelecer consequências de ordem processual para o incumprimento dos prazos,

---

[22] Dispõe o artigo 90º (Magistrado do Ministério Público coordenador) da citada Lei nº 52/2008:
1 – Em cada comarca existe um procurador-geral-adjunto que dirige os serviços do Ministério Público, nomeado, em comissão de serviço, pelo Conselho Superior do Ministério Público, de entre três nomes propostos pelo procurador-geral distrital. (...)
3 – O magistrado do Ministério Público coordenador dirige e coordena a atividade do Ministério Público na comarca, emitindo ordens e instruções, competindo-lhe:
*a)* Acompanhar o movimento processual dos serviços, identificando, designadamente, os processos que estão pendentes por tempo considerado excessivo ou que não são resolvidos em prazo considerado razoável, informando a procuradoria-geral distrital; (...)
*d)* Promover a realização de reuniões de planeamento e de avaliação dos resultados do tribunal, com a participação dos procuradores e funcionários;
*e)* Adotar ou propor às entidades competentes medidas, nomeadamente, de desburocratização, simplificação de procedimentos, utilização das tecnologias de informação e transparência do sistema de justiça; (...)
*i)* Definir métodos de trabalho e objetivos mensuráveis para cada unidade orgânica, sem prejuízo das competências e atribuições nessa matéria por parte do Conselho Superior do Ministério Público;
*j)* Determinar a aplicação de medidas de simplificação e agilização processuais;
*l)* Proceder à reafectação de funcionários dentro da respetiva comarca e nos limites legalmente definidos. (...)

quando esse incumprimento coloca em causa o direito à decisão em prazo razoável de forma intolerável. Pretendendo-se realizar a justiça penal em tempo útil, não faz sentido que aquele incumprimento dos prazos seja inconsequente, quando colocam em causa outros interesses dignos de proteção constitucional; (II) implementar medidas de simplificação e agilização do Inquérito, para além da aplicação e desenvolvimento dos novos modelos de competência e de gestão do MP previstos na NLOFTJ, com vista à sua otimização e (III) apostar mais nas respostas processuais alternativas à acusação e julgamento, consoante o tipo de criminalidade em causa e a complexidade do processo pendente não resolvido em prazo considerado razoável (o que também se relaciona com uma gestão eficaz, responsável e transparente dos respetivos serviços).

## 1. Alteração proposta em matéria de prazos de duração máxima do inquérito e consequências processuais

Um dos temas que mais dificuldades teóricas e práticas tem suscitado, respeita aos prazos de inquérito. A sua natureza, regime e duração, incluindo eventuais consequências processuais do respetivo incumprimento, são questões que convocam tensões aparentemente inconciliáveis. Por um lado, o interesse público na perseguição e julgamento dos crimes parece justificar a sua dilação ou renovação ilimitadas, pois nesta perspetiva sempre será preferível acusar e julgar mais tarde que aceitar uma qualquer forma de preclusão processual do direito de acusar do Estado. Por outro, o apelo ao interesse do arguido num julgamento célere e o interesse da própria imagem da administração da justiça, para além dos interesses de outros sujeitos processuais, *maxime* a vítima, em que o tempo total do processo e, portanto, a fase de investigação e acusação dos crimes, seja sujeita a limites efetivos.

Isso supõe compatibilizar o interesse da celeridade com o asseguramento das garantias de defesa e com os direitos das vítimas e, por outro lado, garantir uma efetiva justiça penal.

São essencialmente três os fatores de morosidade, que tem levado à ultrapassagem de prazos, particularmente na fase de investigação criminal: (I) elevada pendência processual com diferentes graus de complexidade; (II) lentidão na recolha de provas (v. g. atraso na entrega de relatórios quando pedidos exames e perícias, agendamento dilatado de diligências que envolvem prova pessoal, o que pode ser agravado por dificuldades na convocação, processo parado sem realização de diligências, nomeadamente por não serem devolvidos atempadamente pelos órgãos de polícia criminal (OPC) e (III) dificuldades em gerir oportuna, eficaz e racionalmente a investigação (o que também se relaciona com a rentabilização e melhor coordenação das atividades desenvolvidas quer pelo MP, quer pelos OPC).

Ora, para alcançar uma justiça penal célere, eficaz e de qualidade é necessário que[23]: (I) o processo penal não seja instrumentalizado ou subvertido (o que significa que, para ser um processo justo e equitativo, tem de ser decidido em prazo razoável, adequado para cumprir os seus objetivos, respeitando melhor o princípio da presunção de inocência), sendo de repudiar abusos dos diferentes sujeitos processuais (v. g. do poder estadual de investigar e acusar, da defesa ou do tribunal) e o "uso anormal do processo"; (II) sejam salvaguardados os interesses públicos (do *ius puniendi* e da descoberta da verdade) e os direitos das vítimas e dos arguidos; (III) seja agilizado, simplificando-se procedimentos quando tal se justifique e adotando-se novas vias/soluções de resolução de conflitos, impondo-se uma melhoria "do paradigma moderno do processo penal"[24], o qual deverá assentar em modelo mais acusatório (renovando o modelo europeu continental, tornando-o mais flexível e aberto a soluções de diversão e consenso) e (IV) seja obrigatório o cumprimento dos prazos de investigação e, sempre que for caso disso, a utilização de formas simplificadas de processo ou soluções de diversão e consenso que já existem (sem prejuízo da necessidade de lhes conferir maior maleabilidade e, dessa forma, as tornar mais aproveitáveis) ou que venham a ser previstas na lei.

Quanto à natureza dos prazos máximos previstos para a prática de atos pelas autoridades judiciárias titulares das fases de inquérito, instrução e julgamento (incluindo recursos), tem-se entendido que são "meramente indicativos", sem prejuízo do regime especialmente previsto para as medidas de coação que acaba por influir no cumprimento

---

[23] V. Pinto (n. 8), p. 90 e ss.
[24] V. Figueiredo Dias (n. 6, em primeiro lugar), p. 806.

daqueles mesmos prazos. Considerando, porém, a anormal morosidade de alguns processos, há uma preocupação crescente com esse fenómeno e alguma intervenção do legislador, com a introdução de mecanismos que visam combater diretamente os atrasos.

Mecanismos concretos, já previstos no CPP, que procuram incentivar o cumprimento dos prazos estabelecidos para as entidades (e respetivos serviços) encarregadas do exercício da ação penal (MP), da eventual instrução, do julgamento (juiz do julgamento, seja singular ou coletivo) e da fase dos recursos (nos tribunais superiores) são: (I) para qualquer fase processual, a obrigatoriedade de comunicação mensal dos casos em que os prazos são excedidos (artigo 105º/2, do CPP) e o pedido de aceleração de processo atrasado (artigos 108º a 110º do CPP), dependendo este último de "impulso processual" e (II) especificamente para a fase de inquérito, desde a reforma de 2007, combatem-se os atrasos através da intervenção hierárquica, podendo o superior hierárquico avocar o processo e inclusivamente o Procurador Geral da República (PGR) pode determinar a aceleração processual (art. 276º/6/7/8 do CPP)[25].

A complexidade da questão e as várias soluções passíveis de resolverem os problemas identificados, levam-nos a sugerir uma solução integrada no que respeita à fixação de prazos de duração do inquérito, que prevê a intervenção do superior hierárquico do titular originário do inquérito seguida da eventual intervenção do juiz de instrução (JIC) e o estabelecimento de consequência processual preclusiva no caso de incumprimento do prazo a final.

### 1.1 Intervenção do superior hierárquico
Preconizamos a avocação[26] obrigatória do processo pelo superior hierárquico do magistrado do MP a quem o inquérito foi originariamente

---

[25] Isto significa que o legislador pretende combater a morosidade processual; no entanto, porque os mecanismos previstos nos artigos 105º/2 e 276º/6/7/8, do CPP não estão a ser devidamente cumpridos nos serviços do MP e nos tribunais não estão a ser retirados os respetivos benefícios.

[26] Usamos o termo atenta a sua expressividade, embora não se trate de verdadeira avocação uma vez que não se verifica o *chamamento do inquérito o a si* por decisão do superior hierárquico, mas antes a sua transferência *ex lege* nos termos preconizados.

atribuído no termo do prazo máximo fixado na lei, precedida, sempre que tal seja necessário e suficiente, do máximo de 30 dias para que o titular inicial possa proferir despacho de encerramento do inquérito.

É o superior hierárquico que pode conceder o prazo de 30 dias para o encerramento do inquérito ou, em alternativa, avocar o processo desde logo, sem prejuízo de o poder fazer em momento anterior, dando conhecimento à Procuradoria-Geral da República (as comunicações referidas nos n.ºs 6 e 7 do artigo 276.º do CPP, são necessárias para responsabilizar toda a hierarquia e dar um conteúdo útil às funções de coordenação que estão a cargo do PGA segundo a NLOFTJ).

### 1.2 Intervenção do Juiz de Instrução (juiz de garantias)

O magistrado do MP que avocou obrigatoriamente o processo deverá concluir o inquérito em novo período que não ultrapasse um terço do prazo legalmente estabelecido.

Caso não tenha encerrado o inquérito no prazo estabelecido, o magistrado do MP que *o* avocou pode requerer ao JIC nova prorrogação de prazo, por uma só vez, invocando e demonstrando a impossibilidade de o terminar e indicando o prazo necessário para o efeito, que não pode exceder um terço do prazo regra legalmente fixado.

Após ouvir o arguido, o JIC deve avaliar os fundamentos para a prorrogação do prazo (v. g. pondera as diligências já realizadas na investigação criminal, nomeadamente os meios de prova recolhidos, razões invocadas pelo MP para justificar o prazo pedido e necessário à conclusão do inquérito[27], adequação desse prazo, gravidade da conduta em investigação, direitos em conflito), podendo conceder novo prazo, pelo tempo objetivamente indispensável à conclusão da investigação (formulação idêntica ao artigo 89.º/6 do CPP), mas que não pode exceder um terço do prazo regra legalmente fixado.

Caso não tenha usado antes dessa faculdade, o MP pode dispor ainda de 30 dias para proferir despacho de encerramento do inquérito.

---

[27] Poder-se-ão indicar, a título exemplificativo, diversos critérios para o JIC ponderar e que simultaneamente funcionassem como dissuasores de práticas negativas do MP de suscitar a intervenção do JIC para prorrogar prazo de inquérito.

A intervenção do JIC justifica-se, em nosso ver, dado o conflito (subjacente ao protelamento do inquérito para além do prazo legalmente fixado) entre o interesse público na perseguição criminal e o interesse do arguido à decisão do processo em prazo razoável, que é abrangido pela tutela de garantias fundamentais estabelecidas em princípios do próprio processo penal (o direito ao processo célere).

Discutiu-se se o novo prazo poderia atingir metade do prazo inicial (em vez de um terço), bem como a hipótese de a lei se limitar a atribuir ao JIC a faculdade de fixar o prazo objetivamente indispensável à conclusão da investigação, sem limite, mas entendeu-se que tais possibilidades poderiam levar a uma dilação excessiva da duração do inquérito.

### 1.3. Novas causas de suspensão do prazo legal

A intervenção do superior hierárquico do titular originário do inquérito e do JIC que preconizamos, devem ser acompanhadas do aditamento de novas causas de suspensão do prazo. Para além da expedição de carta rogatória prevista no artigo 276º/5, do CPP, devem suspender o prazo em curso, a realização de perícia, a realização de diligências requeridas pela defesa, a pendência de outro processo com relevância para o sucesso da investigação e a pendência do inquérito por estarem a decorrer diligências para alcançar uma solução de consenso. O período total de suspensão não poderia ultrapassar, porém, em qualquer dos casos, metade do prazo que corresponder ao inquérito (que é o estabelecido atualmente), acrescido de 3 meses em caso de pluralidade de causas de suspensão, mantendo-se o atual regime quanto ao início de contagem do prazo: isto é, inicia-se quando o inquérito tiver passado a correr contra pessoa determinada ou em que se tiver verificado a constituição de arguido.

### 1.4. A rejeição da acusação, como efeito processual do desrespeito do prazo legalmente estabelecido ou fixado pelo JIC

Decorrido o prazo legalmente estabelecido ou o prazo fixado pelo JIC, quando requerido, o MP terá de proferir despacho de encerramento do inquérito no prazo final fixado para o efeito, sob pena de o desrespeito deste último prazo constituir causa de rejeição da acusação que, eventualmente, o MP viesse ainda a proferir.

Caso o MP opte por arquivar o inquérito, o assistente ou o denunciante com a faculdade de se constituir assistente pode requerer intervenção hierárquica (artigo 278.º do CPP) para que, dentro do prazo estabelecido pelo JIC, seja, antes, proferida acusação.

Esgotado aquele prazo sem acusação, esta só pode vir a ter lugar nos estritos termos do artigo 279º/2 do CPP.

Trata-se de proposta que suscitou bastantes dúvidas e discussão, pois não é de ânimo leve que pode aceitar-se que o Estado prescinda da perseguição e acusação pela prática de crimes em função do decurso do tempo, fora do quadro da prescrição criminal. Considerou-se, porém, que uma solução deste tipo é aceitável no pressuposto de que se encontrarão disponíveis os necessários meios materiais e humanos, incluindo a respetiva otimização através de adequadas medidas de gestão para além da aposta clara em respostas processuais diferenciadas, como referimos supra e voltaremos a abordar. Entendeu-se que a maior disponibilidade de meios e a diferenciação na sua afetação, bem como o estabelecimento de válvulas de escape ao longo do inquérito, culminando com a intervenção jurisdicional do JIC, permitem colocar esta proposta à discussão de forma ponderada e realista.

## 2. Medidas de simplificação e agilização do inquérito

Incluem-se aqui sugestões de natureza diversa, que visam criar condições para a simplificação e consequente agilização do inquérito sem perda de garantias de defesa e mesmo com reforço das mesmas em alguns casos.

### 2.1 Gravação da prova pessoal produzida em inquérito – som e imagem

A prova oral produzida em inquérito deve ser obrigatoriamente gravada (som e imagem), lavrando-se mero auto da diligência respetiva, sem transcrição das declarações ou depoimentos mesmo no caso de transmissibilidade dessas provas às fases seguintes, às quais se acederia através da respetiva audição e visionamento[28].

---

[28] Tudo se passaria oralmente, sendo documentados em auto eventuais incidentes, à semelhança do que acontece em ata no julgamento (sem transcrição do depoimento ou declarações), o que sempre imprimia maior celeridade.

## 2.2 Otimização funcional do MP

Implementar medidas de organização e gestão assentes no novo modelo de intervenção do MP, que permita a libertação de número considerável de magistrados mais experientes e hierarquicamente responsáveis para funções de planificação e coordenação da investigação criminal, para além de outras dimensões do inquérito (como já se prevê na NLOFTJ).

A título exemplificativo, poderia eliminar-se o visto nos tribunais de recurso (artigo 416º do CPP) e ser atribuído ao MP junto da 1ª instância o acompanhamento dos recursos interpostos, modelo de intervenção mais consentâneo com a natureza unitária do MP. A separação entre MP nas diferentes instâncias insinua que os que estão nos tribunais superiores em vez de titulares da ação penal passaram a ser uma espécie de *amicus curiae* nos tribunais de recurso.[29] Estas medidas permitiriam, como aludido, libertar magistrados experientes e tecnicamente bem preparados para funções de efetiva complexidade e relevância.

## 2.3 Dever de colaboração do queixoso

Nos crimes semipúblicos e particulares, o queixoso deveria ser obrigado a providenciar por apresentar as suas testemunhas na data que for designada para serem ouvidas (gravação áudio e vídeo), sem prejuízo de poder desonerar-se dessa obrigação mediante simples justificação apresentada ao MP. Trata-se por um lado de exigir maior consciência e responsabilidade do cidadão, o que se traduz numa forma de participação ativa na justiça[30] (que até poderia vir a estender-se à fase de julgamento) e, por outro, de incentivar um melhor e mais eficaz agendamento das diligências.

---

[29] Cf. Paulo Dá Mesquita, *Processo Penal, Prova e Sistema Judiciário*, Coimbra: Coimbra Editora, 2010, p. 417.

[30] Por exemplo, estabelecer um prazo de 30 dias a contar da queixa/denúncia para colocarem à disposição da autoridade judiciária competente ou do OPC as pessoas que indicam como testemunhas, obrigando assim também os investigadores a ouvirem rapidamente a prova oral, agendando-a atempadamente para aproveitar dessa participação do cidadão, tornando mais eficaz e pronta a investigação.

## 3. Outras medidas, com reflexos no número, duração e simplificação dos Inquéritos

Defende-se a alteração dos pressupostos de alguns processos especiais e dos institutos alternativos à acusação ou ao julgamento, no sentido de ser possível a sua aplicação a um maior número de casos.

Para além do que propomos autonomamente em matéria de justiça negociada, afigura-se-nos, em matéria de processos especiais, que pode alargar-se o âmbito de aplicação do processo abreviado a crimes puníveis com pena de prisão não superior a 8 anos, quer em casos de flagrante delito, quer noutros que não carecessem de maior investigação[31], tal como previsto atualmente, sendo a prova pessoal sempre gravada nos termos que preconizamos.

Enfatizamos aqui a lógica de diferenciação que prosseguimos, procurando ganhos de celeridade sem perda efetiva de garantias, pois parece-nos que uma solução deste tipo salvaguarda melhor o tratamento adequado das questões substantivas da escolha e determinação da pena, face a outras alternativas, como será o caso do eventual alargamento do âmbito de aplicação do processo sumário.

Defende-se também a consagração da possibilidade de arquivamento dos autos pelo MP, para além dos casos de dispensa de pena (artigo 280º do CPP), quanto a crimes puníveis com pena de prisão até 5 anos, quando se verifique a reparação dos prejuízos causados e o ofendido (ou assistente) não se opuser.

---

[31] Um roubo em que o agente é detido em flagrante delito justificava um inquérito mais sumário, a realizar em curto prazo, com a remessa rápida para julgamento, não obstante o crime em si ser grave (face à respetiva moldura abstrata) o que também viabilizava que a administração da justiça fosse mais eficiente e rápida, podendo impor-se um prazo curto para o julgamento, quer fosse em singular ou em coletivo e ao mesmo tempo cria a sensação de maior segurança na sociedade. Nos casos evidentes, em que as provas essenciais estivessem recolhidas, caso se optasse por formas de processo especiais (o que exigia que se alargasse a possibilidade da sua aplicação não só pelo tipo de pena a aplicar, mas combinado com a circunstância do agente ter sido detido em flagrante e simultaneamente estarem recolhidas as provas essenciais), deveria ser restringida a possibilidade de reenvio para o processo comum.

## 4. Perícias

Embora o tema das perícias não seja, diretamente reconduzível a questões de economia e celeridade do inquérito e apesar das perícias não terem lugar apenas nessa fase, a verdade é que é sobretudo aí que se repercutem as dificuldades sentidas no regime da prova pericial vigente.

É já comum a afirmação que um dos motivos dos atrasos na conclusão de inquéritos é a falta de remessa atempada dos relatórios dos exames e perícias solicitados durante a investigação. Procurámos, por isso, refletir nesta sede sobre o problema da morosidade, começando, porém, por avaliar de forma perfunctória a nossa opção pelo modelo de perícias oficiais em confronto com o modelo de perícias contraditórias, próprio dos sistemas adversariais.

### 4.1 Introdução

O legislador português optou claramente por um modelo de perícia pública, oficial, a realizar em estabelecimento, laboratório ou serviço público, salvo impossibilidade ou inconveniência de recorrer à mesma – artigos 152º, 153º e 154.º/1 e 160º-A, todos do CPP.

A especial relevância do juízo técnico, artístico e científico, que se vê refletida na presunção de que tal juízo se encontra subtraído à livre apreciação do tribunal (artigo 163º do CPP), está necessariamente relacionada com a especial credibilidade da perícia, que o legislador entendeu estar ligada à sua natureza oficial. Credibilidade essa associada às presumidas imparcialidade e competência do perito nomeado pelo tribunal ou integrado em quadro administrativo das instituições oficiais de peritagem forense.

Isto é, o legislador português, também por obrigação sistemática decorrente da atribuição ao juiz de julgamento de um poder-dever de investigação, excluiu frontalmente um regime de perícias adversariais, privadas, assente na regra de serem as "partes" no processo, designadamente assistentes e arguidos, a apresentarem as suas próprias perícias ou de serem outras entidades a realizar as perícias, que não as designadas pelo tribunal ou por estabelecimentos oficiais reconhecidos por lei. A esses, assistentes e arguidos, bem como ao MP se não for ele a ordenar a perícia em inquérito, é aberta a possibilidade de designarem um consultor técnico da sua confiança, como claramente se extrai do disposto no artigo 155º do CPP. Esta é a forma de o legislador português consagrar – se tal for ainda tecnicamente possível – o exercício do contraditório na realização da perícia.

Ou seja, o meio de prova "perícia" tem natureza marcadamente pública e o contraditório encontra-se limitado ao teor do relatório, em função do qual podem ser pedidos esclarecimentos ou nova perícia, nos termos do artigo 158º do CPP, à eventual alegação de parcialidade e incompetência dos peritos nomeados e à possibilidade de as partes (em sentido não rigoroso, pois inclui-se aqui o MP) designarem um consultor técnico.

A questão está em saber se tal estado de coisas deve ser alterado e, em caso afirmativo, como.

## 4.2 A exclusão da perícia contraditória, própria de um sistema adversarial

As perícias contraditórias, próprias de um sistema adversarial, caraterizam-se entre outros aspetos, por considerar a figura do perito como uma testemunha qualificada (*expert witness*) a apresentar pelas partes, que escolhem o perito que entendem e decidem quando recorrem a este meio de prova, tendo o direito a serem confrontadas com o perito (tal como sucede com as testemunhas em geral), direito de alcance constitucional expressamente previsto no Sexto Aditamento à Constituição Americana. Este modelo de perícias não faz parte do nosso património processual penal e a sua hipotética adoção iria provocar um choque cultural, institucional e organizativo de monta, implicando, eventualmente, a desmontagem de organismos que outros países pretendem adotar, para além de um acréscimo previsível de despesas judiciais para os intervenientes no processo.

Para além disso, as reticências suscitadas, desde há vários anos, nos países anglo-saxónicos a propósito da adequação das perícias adversariais para um juízo judicial de verdade material, chamam cada vez mais a atenção para as desvantagens do sistema adversarial, designadamente: (I) a parcialidade dos peritos; (II) a dificuldade de percecionar a real opinião do perito durante a inquirição direta e contraditória (*direct and cross examination*), uma vez que a perícia é essencialmente oral; (III) a relutância dos bons peritos em envolverem-se nos julgamentos em virtude de uma *cross examination* excessivamente aguerrida; (IV) a inexistência de "controle de qualidade" dos peritos intervenientes; (V) o perigo de *expert shopping* (a procura de opiniões, de perito em perito, até que seja encontrado suporte "científico" para a tese favorável à "parte"); (VI) o peso da situação económica dos litigantes e (VII) o reconhecimento de que a crescente complexidade dos conhecimentos envolvidos no juízo técnico e científico aconselha a criação de redes organizadas de conhecimentos e instrumentos essenciais à realização de perícias, designadamente em instituições oficiais e universidades, chegando a propor-se um sistema de regulação e acreditação de peritos[32], para além da implementação de práticas oficiais (gabinetes forenses oficiais de tipo CSI) e de propostas no sentido de as perícias serem realizadas por peritos "neutros"[33], não obstante manter-se a possibilidade de apresentação de perícia contraditória pela contraparte num espectro alargado de casos.

Por fim, as recentes alterações num dos sistemas adversariais tipo vão, precisamente, no sentido de uma aproximação aos sistemas continentais. Referimo-nos ao sistema inglês e galês e às recentes alterações às *Criminal Procedure Rules 2010*[34]. Aqui, contrariamente ao que ocorre num sistema adversarial puro, é estabelecido um claro dever de o perito ajudar o tribunal através da emissão de opinião de forma objetiva e imparcial, dever que se sobrepõe a qualquer obrigação que o perito se sinta compelido a cumprir a quem lhe pagou a perícia[35].

---

[32] "The admissibility of Expert Evidence in Criminal proceedings in England and Wales – A new approach to the Determination of Evidenciary Reliability" – The Law Commission Consultation, paper nº 190, p. 6 (1.16).

[33] Mike Redmayne, *Expert Evidence and Criminal Justice*, Oxford: Oxford Univ. Press, 2004, p. 198.

[34] Referimo-nos à *Rule* 33 das *Criminal Procedure Rules* de 2005 e 2010, estas últimas entradas em vigor em 5 de Abril de 2010.

[35] "Expert's duty to the court – 33.2. – (1) An expert must help the court to achieve the overriding objetive by giving objetive, unbiased opinion on matters within his expertise. (2) This duty overrides any obligation to the person from whom he receives instructions or by whom he is paid". (3) This duty includes an obligation to inform all parties and the court if the expert's opinion changes from that contained in a report served as evidence or given in a statement.

Acresce que os sistemas de perícias idênticos ao nosso ordenamento processual penal têm visto a validade das suas práticas reconhecidas pela jurisprudência do TEDH.

## 4.3 Aspetos das perícias oficiais a melhorar

Posto isto, encontramos mais razões de peso a aconselhar a manutenção do nosso atual sistema de perícias de cariz marcadamente público do que o contrário, impondo-se, no entanto, a melhoria do nosso sistema de realização de perícias em processo penal, tarefa que se deverá iniciar com a despistagem dos pontos negativos do mesmo.

Serão eles: (I) o conteúdo do relatório pericial e a sua importância na definição da qualidade e imparcialidade do relatório e do perito; (II) a dificuldade de exercer o contraditório nas perícias médico-legais e forenses e (III) a demora na apresentação dos relatórios periciais.

### 4.3.1 O conteúdo do relatório pericial e a sua importância na definição da qualidade e imparcialidade do relatório e do perito

É incontestável o peso que tem a prova pericial na valoração da prova, em grande parte porque, tal como vêm concluindo estudos criminológicos, nomeadamente nos EUA, o nível de esclarecimento dos crimes aumenta consideravelmente nos casos em que se recorre a prova científica[36].

Entre nós, a relevância especial do juízo técnico, artístico ou científico na prova dos factos em sede processual, reflete-se claramente – no que ao processo penal diz respeito – na presunção de que aquele juízo presume-se subtraído à livre apreciação do julgador, salvo discordância expressa na mesma área material do juízo técnico-científico (artigo 163º do CPP).

A relevância e credibilidade das perícias no nosso sistema assenta na presunção de imparcialidade e competência do perito integrado em quadro administrativo das instituições oficiais de peritagem forense,

---

[36] V., R. F. Becker, *Scientific Evidence and Expert Testimony Handbook,* Springfield, Illinois, 1997, p. 6, sobre esse impacto da ciência e das tecnologias no desenvolvimento da função jurisdicional, a que se chama «the technical revolution in the courtroom». Citado em, Lorena Bachmaier Winter, *Dos modelos de prueba pericial penal en el derecho comparado: Estados Unidos de América y Alemania.*

como referimos, mas é incontornável que estamos perante um critério de raiz administrativa insuficiente para garantir, em todos os casos, a qualidade e a imparcialidade da perícia. Desde logo, aquela presunção de imparcialidade e competência não é extensível, nos mesmos termos, aos casos em que é o tribunal a nomear peritos *ad hoc* (artigo 152º/1) ou em que o organismo público normalmente competente contrata ou indica terceiros (artigo 159º/2/3/5/6 do CPP), o que pode ser tanto mais relevante quanto o juiz não dispõe, em regra, dos conhecimentos suficientes para se aperceber de eventual défice daquela natureza e o contraditório possível não parece suficiente para suprir essa mesma falta.

Daí que o conteúdo do relatório pericial deva operar, de forma indireta, como um parâmetro de aferição da qualidade e credibilidade da perícia, para o que assume particular importância a fundamentação dos respetivos relatórios, com base em modelos publicamente discutidos, que permitam o controlo das conclusões pelas partes e pelo tribunal a partir do próprio relatório pericial.

Nesta matéria labora a jurisprudência americana desde 1923, com a prolação do acórdão Frye (Frye v. US, 293 F.1013, DC Circuit Court of Appeals, 1923) e suas sequelas, as decisões nos casos Daubert v. Merrell Dow Pharmaceuticals, Inc., 509 U.S. 579 (1993), General Electric Co. *et al* . v. Joiner, 000 U.S. 96-188 (1997) e Kumho Tire Co., ltd., *et al*. v. Carmichael et al., 000 U.S. 97-1709 (1999).

Aqui se definiram as linhas de orientação para a admissão de pareceres científicos (*scientific expert testimony*), determinando-se que o juiz de julgamento é o garante de que a prova apresentada provém, realmente, de conhecimento científico; o juiz de julgamento deve garantir que o parecer científico é relevante e que assenta em fundamentos fiáveis; o conhecimento científico é produto de "metodologia científica" pela utilização de método científico; a metodologia científica é o processo de formulação de hipóteses e de posteriores experiências que provam, ou não, a hipótese; esta deve ser sujeita a testes empíricos; deve ser conhecida a sua *ratio* de erro; sujeita a *peer review* (revisão paritária ou revisão pelos pares) e publicação; deve ser ponderado o seu grau de aceitação pela comunidade científica.

Estas linhas de orientação jurisprudenciais foram complementadas pelas recentes alterações às *Federal Rules of Evidence*, designadamente na

*Rule* 702, afirmando-se os passos essenciais na análise da cientificidade das conclusões dos peritos científicos[37]: (I) saber se o parecer assenta em factos e dados suficientes; (II) se foram utilizados princípios e métodos (científicos ou técnicos) de confiança e (III) se esses princípios e métodos foram devidamente aplicados aos factos do caso a ser julgado.

Por outro lado, as críticas à jurisprudência norte-americana de grande rigidez na aceitação de avanços técnicos e científicos não invalidam o acerto dos três citados passos metodológicos inseridos nas *Federal Rules of Evidence*[38]. Aliás, as recentes *Criminal Procedure Rules* do direito inglês e galês vão no mesmo sentido, com mais descriminação pormenorizada e substancial do teor do relatório pericial. Ambas as jurisprudências fazem ressaltar a essencialidade – no que nos interessa – de uma exposição pormenorizada dos factos e da metodologia que sustentam a conclusão, para além de colocarem exigências acrescidas na explanação das qualificações dos peritos.

Esta parece-nos, incontestavelmente, uma metodologia correta.

Apesar de estas regras terem sido pensadas para um sistema adversarial, como critérios para decidir da admissibilidade dos pareceres científicos privados que as partes pretendam apresentar em julgamento a realizar pelo júri, isso não invalida o seu acerto metodológico num sistema como o nosso, onde podem valer como critérios de relevância da prova pericial a ter em conta pelo tribunal de julgamento[39], nomeadamente em razão da presunção estabelecida no artigo 163º do CPP.

---

[37] É este o teor da *Rule* 702 (Testimony by Experts): "If scientific, technical, or other specialized knowledge will assist the trier of fact to understand the evidence or to determine a fact in issue, a witness qualified as an expert by knowledge, skill, experience, training, or education, may testify thereto in the form of an opinion or otherwise, if (1) the testimony is based upon sufficient facts or data, (2) the testimony is the product of reliable principles and methods, and (3) the witness has applied the principles and methods reliably to the facts of the case".

[38] V.g. "Advisory Commitee Notes", *in*: *Notes of Advisory Committee* (2000 Amendment) da *Rule* 701.

[39] V., com interesse para esta questão, o Ac. STJ de 20.12.2006: (relator: Cons. Sousa Fonte, proc. 06P3505) ou o Ac. STJ de 11.7.2007 (relator: Cons. Armindo Monteiro, proc. 07P1416)

A estes elementos essenciais podem juntar-se outros que, pelas lições da praxis, se revelam úteis na apreciação da credibilidade do relatório pericial e para permitir o devido exercício do contraditório: (I) o relatório deve conter as qualificações de todos os técnicos que, direta ou indiretamente, nele participaram, o que é particularmente importante nos casos de peritos nomeados *ad hoc* ou que não se integrem em estabelecimentos públicos e outros organismos oficiais; (II) o relatório deve conter as referências essenciais de literatura ou *guide lines* da matéria objeto da perícia, caso existam e (III) o relatório deve conter uma conclusão sumariada, nos casos em que tal não sucede ainda.

Ainda que a *praxis* judiciária nem sempre assuma as necessidades de fundamentação como conaturais à existência de um juízo técnico ou científico, bastando-se com as conclusões ou com a aparência de tecnicidade ou cientificidade, a exigência de fundamentação constante do artigo 157º/1 do CPP deve tender a uma maior efetividade.

Não propomos, repetimo-lo, alterações nas linhas paradigmáticas que definem o nosso modelo de prova pericial, mas antes, como referimos, o seu aprofundamento, através da melhoria dos aspetos em que está mais sujeito a críticas justas, comuns, aliás, à generalidade dos ordenamentos continentais que, como nós, adotam o sistema de perícia oficial.

### 4.3.2 O exercício do contraditório nas perícias médico-legais e forenses

Aceite o caráter essencialmente público das perícias médico-legais e forenses, o exercício do contraditório centra-se em dois fatores essenciais: no teor do relatório pericial e nos esclarecimentos dos peritos e na possibilidade de nomeação de consultores técnicos, quer no momento da realização da perícia, quer para o seu acompanhamento posterior.

Começando por este último aspeto, afigura-se-nos que deve ser alterado o artigo 3º da L 45/2004, de 19.8, que não permite a nomeação de consultores técnicos nas perícias efetuadas nas delegações do Instituto de Medicina Legal ou nos gabinetes médico-legais, ao excluir a aplicação do artigo 155.º do CPP naqueles casos. Esta limitação legal, veda "à contraparte" a possibilidade de exercer o contraditório através da presença de consultor técnico e da formulação das questões que entenda serem pertinentes para a realização da perícia, o que não nos parece justificado, nomeadamente quando exista arguido constituído no processo. Convém recordar, a este propósito, que no acórdão do TEDH Cottin v. Belgica (02-06-1995, § 33) a participação da contraparte na perícia médica foi considerada essencial para o devido exercício do princípio da igualdade de armas e do contraditório.

Impõe-se, pois, alterar a redação daquele preceito eliminado aquela restrição, pelo menos nos casos em que já houver arguido constituído nos autos.

### 4.3.3 A demora na apresentação dos relatórios periciais

A demora na apresentação dos relatórios periciais é o calcanhar de Aquiles do sistema pericial português, tal como verificado na prática judiciária.

É certo que o artigo 157º/3 do CPP estatui um prazo de realização de tais relatórios em 60 dias, prorrogáveis por mais 30, mediante justificação cabal. E, pelo que sabemos, trata-se de prazos adequados para a realização da grande maioria se não da totalidade das perícias possíveis no universo processual penal português. A ultrapassagem de tais prazos é, no entanto, prática habitual, sobrando as dúvidas sobre o bem fundado das invocadas "falta de meios" e "excesso de trabalho" dos peritos e instituições competentes para a sua realização atempada, na generalidade dos casos.

A aplicação de sanções pelo cumprimento injustificado dos prazos é uma solução que a generalidade dos ordenamentos jurídicos não dispensa[40], mas é evidente para nós que o recurso a meios desta natureza deve assentar em informação atual e fidedigna sobre a capacidade de resposta dos peritos ou organismos em causa.

Assim, sem prejuízo de formas de resolver os problemas a montante, afigura-se-nos que deverão prever-se sanções para os casos de incumprimento injustificado, implementando previamente um sistema de recolha e tratamento de dados, anual ou bianual, relativos aos organismos oficiais e outros responsáveis pela realização de perícias, que permitam o esta-

---

[40] Pinto (n. 8), p. 86, recorda que, na reforma alemã de 1974, há a possibilidade de o tribunal fixar prazo-limite para a entrega de relatórios periciais e impor sanções em caso de incumprimento.

belecimento do tempo médio da sua realização. Habilita-se deste modo o tribunal a fixar prazos adequados ao caso concreto e a identificar as situações de incumprimento injustificado, merecedor de sanção. Aquela recolha de dados poderia ter a intervenção, direta ou indireta, do CSM e da Procuradoria-Geral da República.

**5. A questão do dossiê probatório – discussão inconclusiva**
Retomando um tópico recorrente em função do princípio do acusatório, suscitou-se entre nós a questão de saber se ao ser remetida para a fase de julgamento, a acusação ou pronúncia deve ser acompanhada de todo o dossiê recolhido na fase preliminar do processo ou se a entidade que sustenta a acusação deve enviar para a fase de julgamento apenas a acusação e o dossiê que envolva as provas que sustentam a acusação e não todo o inquérito.

Com este último modelo estaria salvaguardado o princípio do acusatório em termos maximalistas, nomeadamente na dimensão que sustenta o princípio da imparcialidade do juiz de julgamento, na medida em que, dessa forma, não se verificaria o que alguns autores entendem ser a contaminação do tribunal pelo seu contacto com provas inatendíveis em audiência de julgamento, garantindo-se um juiz imparcial como projeção subjetiva do *fair hearing*[41].

Trata-se de solução que assenta em pressupostos idênticos aos que levaram à solução acolhida no âmbito do CPP 1929, após a criação do inquérito policial com o DL 605/75, de 3.11. Aí se dizia, no artigo 2º/b, que "as testemunhas e os declarantes não serão ajuramentados, mas as suas declarações far-se-ão constar de auto à parte, o qual será arquivado logo que transite em julgado o despacho que marque dia para julgamento, não podendo neste ser utilizado".

Embora a reconhecida pertinência da questão, não foi consensual formular uma proposta de alteração legislativa nesse sentido. Associando às razões derivadas do princípio do acusatório motivos de ordem prática e de gestão do processo, uma solução deste tipo poderia ser um meio de

---

[41] Questão desenvolvida em José António Mouraz Lopes, *A tutela da imparcialidade endoprocessual no processo penal português*, Coimbra: Coimbra Editora, 2005, esp. p. 178 e ss.

contribuir para a racionalização e organização da fase de julgamento, com ganhos de eficácia.

O dossiê probatório a enviar para a fase de julgamento incluiria apenas, para além da acusação e das provas não declarativas que a sustentam (buscas, escutas, provas periciais, reconhecimentos, etc.), os elementos indispensáveis para o Tribunal cumprir o seu dever de «procurar a verdade material», nomeadamente as declarações probatórias relativas a memória futura prestadas em inquérito, documentos ou outras provas recolhidas em cartas rogatórias nas fases preliminares, o certificado do registo criminal, bem como o pedido de indemnização civil. Na medida em que a organização do dossiê probatório pode tornar mais célere e «escorreito» o processo de transição das fases preliminares do processo para a fase de julgamento, esta medida constitui exemplo duma intervenção processual sustentada numa maior racionalidade, contribuindo desse modo para a celeridade e agilização do processo que temos vindo a defender na proposta de reforma.

Em sentido contrário à adoção legislativa daquela solução, colocam-se sobretudo argumentos relacionados com a conceção unitária do nosso processo penal, que configura o inquérito como uma fase do processo e não como momento prévio àquele e, também, com a ideia de que uma alteração daquele tipo surgiria neste momento em contra ciclo, pois são cada vez mais as provas transmissíveis à fase de julgamento, para além do receio de que a adoção daquela medida pudesse dar origem a incidentes processuais evitáveis.

## III
## Uma proposta de justiça negociada

**1.** A discussão em redor da chamada justiça (penal) negociada estabeleceu-se definitivamente na comunidade jurídica desde há alguns anos a esta parte. De forma decidida e irreversível, extravasou o universo jurídico-cultural anglo-saxónico, onde há muito se gerou e consolidou. Cada vez mais países da tradição jurídica continental incorporam no seu direito, e não raro tão só na sua prática, procedimentos diversos que se podem inscrever naquela categoria. Especialmente relevante, não apenas por ser "cabeça de estirpe" do direito continental de matriz romano-germânica, e comungando daquelas duas experiências (da facticidade, primeiro, da juridicidade, depois)[42], é o caso do direito da Alemanha,

---

[42] Com a *Gezetz zur Regelung der Verständigung im Strafverfahren*, de 29 de julho de 2009, a prática dos tribunais penais alemães foi finalmente posta em letra de lei nos §§ 257b e 257c do StPO. Sobre os acordos penais já na vigência da citada lei, v. Maike Fromman, "Regulating Plea-Bargaining in Germany: Can the Italian Model Approach Serve as a Model to Guarantee the Independence of German Judges?", *Hanse Law Review*, vol. 5, n. 1, 2009, p. 197 ss. Sobre as propostas que se desenhavam antes da mencionada alteração legislativa, v. Barbara Huber, "Últimas tendências en matéria de negociaciones en el proceso penal alemán", *Revista Penal*, n. 22, 2008, esp. p. 46 e ss. Sobre uma discussão dos acordos no processo penal anterior à citada lei, v., por especialmente minucioso, o estudo de Thomas Swenson, "The German Plea Bargaining", *Pace International Law Review*, 7, 1995, p. 373 e ss.

país há não tanto tempo assim "cantado" como "terra livre" de negociação penal.[43] É também o caso de países da antiga órbita de influência do direito de matriz socialista que, porventura por reação de fuga àquela dominância, rapidamente se afeiçoaram ao seu contrário.[44] É ainda, entre muitos exemplos que poderiam multiplicar-se, o caso dos tribunais penais internacionais[45], que já na sua génese em boa medida assimilaram aquele modelo ou que, quando menos, na sua prática o vêm assumindo.

No caso português, o modelo de "justiça imposta" já tradicionalmente (e à margem daquela influência anglo-saxónica) era temperado por soluções de "justiça participada", de que é expoente a peculiar figura do assistente. Aquela influência fez-se sentir porém, já em 1987

---

[43] Pensamos, claro, no muitas vezes citado estudo de John H. Langbein, "Land Without Plea Bargaining – How the Germans do It", *Michigan Law Review*, 78, 1979, p. 204 e ss. Não deixa de ser algo irónico que tenha sido precisamente na década (de 70) em que Langbein publicou aquele escrito que alguns situam o início da *prática* da negociação da pena na Alemanha. V. Joachim Herrmann, "Bargaining Justice – A Bargain for German Criminal Justice?", *University of Pittsburg Law Review*, 53, 1992, pp. 755-756. Em 1982, sob um pseudónimo, surgia um primeiro texto a denunciar a prática – o que só por si dá bem a imagem da delicadeza do tema.

[44] Sobre o estado da justiça penal consensual e negociada especificamente na Croácia e na Polónia, v. Davor Krapac, "Consensual Procedures and the Avoidance of the Full-Fledged Trial in Republic of Croatia" e Maria Rogacka-Rzewnicka, "Consensual and Summary Procedures in Poland", ambos *in*: Stephen C. Thaman (Ed.), *World Plea Bargaining – Consensual Procedures and the Avoidance of the Full Criminal Trial*, North Carolina: Carolina Academic Press, 2010, pp. 259 ss. e 279 ss., respetivamente. Esta última coletânea, talvez das mais recentes e completas em termos comparados, será doravante citada de modo abreviado como Stephen C. Thaman (Ed.), *World Plea Bargaining*.

[45] Cf. Michael Bohlander, "Plea Bargaining Before the ICTY", *in*: Richard Mai *et al.* (eds.), *Essays on ICTY procedure and evidence in honour of Gabrielle Kirk McDonald*, The Hague: Kluwer Law International, 2001, p. 151 e ss.; Nancy Combs, "Copping a plea to genocide: the plea bargaining of international crimes", *University of Pennsylvania Law Review*, 151, 2002, p. 1 e ss.; Mirjan Damaška, "Negotiated Justice in International Criminal Courts", *Journal of International Criminal Justice*, 2, 2004, p. 1018 e ss.; Michael Scharf, "Trading Justice for Efficiency: plea bargaining and international tribunals", *Journal of International Criminal Justice*, 2, 2004, p. 1078 e ss.; e por fim, Ralph Henham, "Plea Bargaining and the Legitimacy of International Trial Justice: some observations on Dragon Nikolic sentencing judgement of the ICTY", *International Criminal Law Review*, 5, 2005, p. 601 e ss.

e mediada pelo direito comunitário, com a introdução no CPP de espaços de "justiça consensual", através da configuração inicial de mecanismos como a suspensão provisória do processo e do processo sumaríssimo. Aliás, todas as posteriores reformulações desses institutos assumiram um sentido geral de alargamento do espaço de consenso.

A continuada sobrecarga crescente do nosso sistema judiciário, a dificuldade em lidar eficazmente com a criminalidade de massa apenas com recurso às formas tradicionais, os custos que isso importa e, não obstante, a insatisfação pública com os resultados obtidos, tudo faz com que seja talvez o tempo de avançar um pouco mais e criar espaços de verdadeira "justiça negociada", mesmo que limitados.[46] O legislador de 2007 terá já sentido isso, insinuando no artigo 392.º/1 do CPP, de forma inconsequente como adiante se verá, uma possibilidade fáctica de negociação que no plano formal não quis assumir.

Não nos afligirá aqui a muito debatida questão de saber em que medida as soluções continentais de justiça negociada, incluindo a proposta que ora desenhamos, expressam uma "americanização" do processo penal.[47] É bem mais modesto e até diverso o nosso propósito. Trata-se, tão só, de a partir da experiência comparada, e da mais próxima, procurar soluções que permitam melhor resposta às atuais necessidades do sistema, evitando tanto quanto possível os efeitos deletérios dos modelos mais extremos e para tudo aproveitando forma preexistente no direito pátrio.

Passamos, assim, a expor as linhas de força da proposta com que pensamos consegui-lo.

---

[46] Sobre as categorizações empregues ("justiça imposta", "justiça participada", "justiça consensual" e "justiça negociada"), v. Françoise Tulkens, "Negotiated Justice", *in*: Mireille Delmas-Marty / J. R. Spencer, *European Criminal Procedures*, Cambridge: Cambridge Univ. Press, 2005, p. 644, n. 17, e p. 677.

[47] Sobre este ponto é essencial o estudo de Máximo Langer, "From Legal Transplants to Legal Translations: The Globalization of Plea Bargaining and the Americanization Thesis in Criminal Procedure", *in*: Stephen C. Thaman (Ed.), *World Plea Bargaining*, pp. 3 ss., autor que, de modo sofisticado, aborda o tema sobre base das metáforas dos "transplantes" ou (como prefere) das "traduções" jurídicas.

**2/2.1** Partir do modelo atual do processo sumaríssimo começa por ter a vantagem, mais geral e óbvia, de minimizar ruturas, potenciando o conhecimento e as práticas já existentes no meio judiciário. Esta vantagem é tanto mais significativa quanto o clima legislativo atual já vem sendo de alguma efervescência, com resultados não raramente prejudiciais, dos quais não é despiciendo referir a oportunidade de divergências significativas entre as práticas e o direito positivo.

Por outra banda, o desenho atual consegue com assinalável sucesso atalhar caminho ao magno problema que se coloca em matéria de justiça consensual e/ou negociada, que é o da preservação da imparcialidade do juiz, ou pelo menos da imagem correspondente, face aos perigos do seu excessivo envolvimento na dinamização das negociações – suscetível de ser representada pelo arguido como fator de coerção, por mor do poder institucional que lhe é associado. O atual sistema, que nisso deve ser preservado, já obvia essa questão, quer pelas regras de impedimentos, quer, precisamente, colocando o juiz num papel relativamente passivo de controlo dos pressupostos formais e materiais do processo sumaríssimo[48], justamente por contraposição àqueles ordenamentos – como é o caso, mais uma vez, do alemão – em que ao juiz de julgamento cabe um papel de "gestor" da negociação.[49]

Por fim, é oportuno ter presente que a manutenção do essencial do nosso figurino do processo sumaríssimo, mesmo se aplicável no caso de penas privativas da liberdade, como adiante proporemos, coloca-o ao abrigo de críticas relevantes, desde que nele se reforcem correspondentemente as garantias do arguido, nos moldes também à frente delineados, e quando não se perca de vista que o atual inquérito já lhas dispensa em considerável medida. A este último respeito falamos, designadamente e entre tantas outras, das que resultam do facto de a regra ser já a da publicidade, de o juiz de instrução ser convocado a apreciar ou até em primeira linha decidir uma multitude de atos que mais sig-

---

[48] Usamos o advérbio "relativamente" tendo presente que o juiz pode contrapropor uma sanção ao MP.
[49] Neste sentido, quanto ao papel do juiz no processo de negociação alemão e distinguindo entre um modelo de juiz ativo, outro de juiz passivo e outro ainda de juiz gestor, v. Langer (n. 47), pp. 56-59.

nificativamente contendam com os direitos e liberdades do arguido, da faculdade de este se fazer ouvir sempre que o solicite e, enfim, do amplo poder que detém de requerer produção de prova.[50]

**2.2** Assente a opção de aproveitamento, na medida do possível, do atual figurino do processo sumaríssimo, importa agora curar das potencialidades respetivas para como acima anunciado por ele alargar o espaço de consenso, com abertura, moderada ainda, à própria negociação da sanção (consideramos óbvio o desajustamento, no nosso direito, da abertura à negociação da própria imputação).

Antes de mais, tratar-se-á com isso tão só de explorar uma via que o legislador de 2007 já indicara, no artigo 392.º/1 do CPP, também como acima aflorado. Logo ali se condicionou o requerimento de aplicação da sanção em processo sumaríssimo ao requerimento do arguido ou à sua audição. Sem que isso seja formalmente assumido, nasce desse modo, até pela dinâmica própria da vida judiciária, a oportunidade de uma verdadeira negociação sobre a concreta sanção a ser requerida. A experiência comparada comprova essa intuição de sociologia judiciária.[51] Ora, assumindo até a desejabilidade dessa negociação, criar um momento processual próprio para a fazer consente diminuir as margens de discricionariedade real na opção, sinalizando claramente a preferência pelas soluções consensuais. A localização processual mais correta será imediatamente antes do encerramento do inquérito e em todos

---

[50] Nem por acaso, uma das correntes que, na Alemanha, se perfilou contra a negociação nos termos que eram praticados e vieram, no essencial, a ser consagrados em forma de lei, propunha precisamente o aproveitamento do modelo de "ordens penais", no pressuposto de que as garantias de defesa do arguido fossem alargadas até ao limite do possível na fase da investigação. Algo que, como dissemos, já será o caso do nosso inquérito. Sobre aquela posição, na Alemanha, v. Stephen C. Thaman, "A Typology of Consensual Criminal Procedures: An Historical and Comparative Perspetive on the Theory and Practice of Avoiding the Full Criminal Trial", in: Stephen C. Thaman (Ed.), *World Plea Bargaining*, p. 393 e s.

[51] V., para a Alemanha e no processo de ordens penais, ainda que sem norma similar ao nosso artigo 392.º/1 do CPP, Thomas Weigend, "Lay participation and consensual dispositions mechanisms" *Révue International de Droit Pénal*, 72, 2002, p. 599, e, mais recentemente, Karsten Altenhain, "*Absprachen* in German Criminal Trials", in: Stephen C. Thaman (Ed.), *World Plea Bargaining*, p. 159.

os casos em que se antevejam os pressupostos de aplicação de formas consensuais, nomeadamente a de que aqui tratamos.

Neste sentido, com vista ao encerramento do inquérito, propõe-se que seja obrigatória a audição, pelo MP, do arguido acompanhado de defensor, em diligência especialmente destinada a ponderar a aplicação da suspensão provisória do processo ou do processo sumaríssimo, de acordo com os respetivos pressupostos.

Nesta mesma linha, da restrição das margens da discricionariedade real, parece-nos importante atribuir densidade à obrigação do MP de fundamentar a decisão de não encaminhar o processo para as formas consensuais, designadamente o processo sumaríssimo, verificados que sejam os pressupostos abstratos respetivos. Essa forma de fundamentação de pendor "negativo", concisa mas com base em factos determinados, parece-nos ser mais incisiva no desencorajamento do recurso indevido à forma comum. A consagração expressa de nulidade para a violação desse dever de fundamentação reforçará claramente esse potencial. Por fim, é manifesto que o *locus* processual próprio para a atualização desse dever é o despacho de encerramento do inquérito. Naturalmente, a obrigação do MP, até aqui vigente, de fundamentar pela negativa, mas em concreto a *não* aplicabilidade de pena de prisão (artigo 394.º do CPP), deixa de fazer sentido à luz do caminho que propomos de, em certos pressupostos, estender esta forma processual às penas de prisão; e a mais disso, aproveitamos o ensejo para observar que aquela redação vigente se mostra inadequada e até contraproducente do ponto de vista do objetivo de maximização dessa forma consensual, uma vez que na prática resulta em que os concretos agentes do MP se veem mais onerados quando seguem a via a que a lei alegadamente atribui preferência!

Estas razões justificam uma proposta de alteração da regra, passando o MP, sob pena de nulidade, a ter de fundamentar, de modo conciso mas com base em factos determinados, a razão pela qual não promove a aplicação da suspensão provisória do processo ou do processo sumaríssimo.

**2.3** Obviamente que falar de negociação implica que para ela haja estímulos. Nesta matéria, o legislador de 2007 foi inconsequente. Na verdade, sendo certo que se manteve sempre o estímulo inerente às formas consensuais, designadamente o do arguido para aceitar uma sanção eventualmente abaixo do expectável segundo os critérios gerais[52] e o do MP em obter ganhos de celeridade, o certo é que nem esse encontro de vontades se faz de forma aberta e transparente, nem os resultados parecem ser suficientes do ponto de vista da expressão estatística; e, por cima, ainda foi eliminada a vantagem residual da redução especial da taxa de justiça que constava da parte final do n.º 1 do artigo 397.º do CPP.

Haveria toda a vantagem, segundo cremos, em repristinar o desconto em matéria de taxa de justiça, em congruência lógica com a redução de complexidade, ganhos de celeridade e economia de meios[53], como ainda em assumir expressamente uma atenuação fixa da sanção e em medida que, ainda compatível com as necessidades de prevenção que presidem à aplicação de penas, seja um efetivo e transparente estímulo à adesão ou até à iniciativa do arguido. Parece-nos que com a redução, em um terço, da sanção proposta, conseguimos este equilíbrio[54], estabelecendo-se,

---

[52] Esta possibilidade decorre, claramente (e embora de formulação indireta e vaga, este é um dos poucos estímulos à negociação previstos pelo legislador de 2007), do emprego do advérbio "manifestamente" no texto da alínea c) do n.º 1 do artigo 395.º do CPP: o juiz só rejeita o requerimento onde a sanção proposta for *manifestamente* desadequada e insuficiente à satisfação dos fins das penas; onde seja apenas desadequada e insuficiente o juiz deve ainda assim aceitá-la. Na proposta que fazemos, o advérbio é eliminado: o regime passa a prever uma redução fixa e, como tal, deixa de fazer sentido aquele conceito elíptico.

[53] É certo que o atual Regulamento das Custas Processuais, aliás posterior à Reforma Processual Penal de 2007, prevê taxa de justiça menor no processo sumaríssimo do que na forma comum (cf. tabela III), mas essa diferença já existia no Código das Custas Judiciais, então subtraindo-se-lhe ainda a redução prevista no artigo 397.º/1 do CPP. É verdade que se poderia dizer que essa é matéria a regular nos diplomas relativos as Custas Judiciais, mas queremos que há vantagem, simbólica mas palpável, em deixá-la no CPP.

[54] A questão é delicada: uma redução excessiva far-se-ia objeto de crítica por incompatibilidade com noções comunitárias de justiça, do mesmo passo podendo ser percebida como meio de coação (vista a gravidade da pena em caso de não aceitação); uma redução demasiado ligeira falharia em motivar a aceitação da pena. Sobre o ponto, v. Bernd Schünemann, *La reforma del Proceso Penal*, Madrid: Dykinson, 2005, p. 107 e ss., muito embora o autor proponha uma redução máxima de 1/5 da pena. Igualmente sobre o tema, e no plano comparatístico, v. Thaman (n. 50), p. 350 e ss. Estamos cientes de que a proposta de atenuação de um terço da pena é ousada e porventura suscetível de crítica por ser equiva-

pois, que se o arguido não se opuser ou aceitar a sanção, conforme os casos, esta bem como a taxa de justiça são atenuada e reduzida, respetivamente, em um terço.

Já não se tratando de um estímulo em sentido próprio, mas contribuindo também para abrir o leque de casos concretos processados nesta forma, releva a proposta de supressão da participação de partes cíveis, com o valor adicional de mais ainda simplificar o procedimento.

**3.** As razões que acima referimos para justificar a criação de espaços de negociação (e em jeito apodítico, pois nos parecem autoevidentes) são, segundo pensamos, as mesmas que podem fundamentar um passo um pouco mais longe. Desde logo, que o processo sumaríssimo se abra também à aplicação de penas efetivas[55] de prisão e a outras consequências jurídicas do crime. Este será de resto, julgamos, o fator mais importante do almejado alargamento do âmbito de incidência desta forma processual. A mais disso, com a proposta que fazemos no sentido do critério de aplicabilidade do instituto passar a ser a pena concreta em lugar de, como até agora, a moldura abstrata, reforça-se aquela ampliação do respetivo alcance. Com isto, e por fim, conjugar-se-á o facto determinante de ser a pena concreta proposta pelo MP já com a atenuação premial (assumamo-la sem tibiezas). Na verdade, propomos a aplicabilidade do (novo) *processo sumaríssimo* sempre que o MP entenda dever ser aplicada no caso concreto pena que, depois de reduzida em um terço, não seja superior a 5 anos de prisão.

Deste jeito, deslocamos para a apreciação em processo sumaríssimo, e em medida razoável, casos criminais até aqui candidatos inclusivamente à forma comum com intervenção do tribunal coletivo.[56] Este específico

---

lente à que, por razões *substantivas*, o legislador assinala no Código Penal para a atenuação especial (artigo 73.º/1/a). Essa cedência utilitarista – admitamo-lo – poderá no entanto ser suportável no atual quadro da Justiça Penal e mercê dos ganhos que são de esperar.

[55] Eliminando de caminho a discussão sobre o âmbito da aplicabilidade, no regime atual, do processo segundo a natureza das penas.

[56] Pense-se por exemplo num crime de roubo relativamente ao qual o MP proponha uma pena de 6 anos de prisão, uma vez que com a atenuação prevista a pena a aplicar na forma sumaríssima será reduzida de um terço e, portanto, com medida efetiva final inferior a 5 anos.

alargamento parece-nos tanto mais útil e até necessário quanto, mesmo na ausência de dados estatísticos exatos, temos uma clara perceção empírica de que em muito significativa extensão os casos apreciados pelos tribunais coletivos culminam em condenações em penas não privativas da liberdade ou, ainda, em penas de prisão efetiva inferiores a 5 anos; não raro verificando-se confissão dos arguidos e até já em inquérito. De qualquer modo, esta sobreposição potencial de objeto entre o processo sumaríssimo e a forma comum terá como limite, em todo o caso e quanto mais não devesse ser por razões simbólicas, as hipóteses já reservadas pelo artigo 14.º/1/2/a do CPP ao tribunal coletivo.

Nesta matéria, cumpre uma nota mais. Não vemos razão para não acomodar, pelo menos expressamente e como até agora sucede, a possibilidade de o MP requerer, a mais da pena ou medida de segurança (esta não privativa de liberdade), a aplicação de penas acessórias e outras consequências jurídicas do crime, como a perda de instrumentos, produtos e vantagens ou mesmo a não transcrição da condenação no registo criminal (desde que verificados os respetivos pressupostos) – neste último caso podendo até dizer-se que se tratará de mais um estímulo a acrescer aos acima referidos.

**4.** Claro que a extensão do âmbito do atual regime de forma a incluir penas privativas da liberdade reclama, segundo pensamos, um reforço dos aspetos garantísticos da estruturação do processo.

**4.1** Na verdade, enquanto se cure de penas e medidas de segurança não privativas da liberdade, estamos em crer que o atual modelo de não oposição é bastante, de resto não havendo notícia de contestação significativa. Já quando se trate de penas privativas da liberdade, a gravidade das consequências, para o arguido, de quaisquer incompetências de ação, suas ou do defensor, reclama reforço de cautelas.

Neste sentido propormos um figurino de dupla via: a manutenção de um modelo de não oposição para as penas e medidas de segurança não privativas da liberdade; e o retorno à aceitação (vigente até à Reforma de 1998), perante o juiz, para as penas privativas da liberdade.

Na primeira hipótese, quando o arguido não se opuser ao requerimento, o juiz, por despacho que remete para a factualidade descrita no requerimento do MP, procede à aplicação da sanção e à condenação no pagamento da taxa de justiça, valendo aquele despacho como sentença condenatória e transitando logo em julgado.

No caso de estar em causa a aplicação de pena privativa da liberdade, o juiz designa audiência para comparência do arguido, assistido por defensor, a comunicar e realizar em termos e com cautelas que assegurem que o arguido conhece e compreende as imputações contra si formuladas e as sanções e outras medidas propostas pelo MP, bem como as consequências advenientes da aceitação ou não aceitação da proposta. Se o arguido declarar que as aceita e não tendo o juiz dúvidas sobre o caráter livre dessa declaração, é esta consignada em ata e o juiz, por remissão para os factos constantes do requerimento do MP, procede à aplicação da sanção e demais medidas requeridas e à condenação no pagamento da taxa de justiça.

Será nulo o despacho que aplique sanção diferente da proposta ou fixada nos termos do disposto no n.º 2 do artigo 394.º e no n.º 2 do artigo 395.º, ambos do CPP.

Cremos que este modelo bifurcado, verdadeira novidade no tema, tem flexibilidade necessária para lograr equilíbrio entre as necessidades de celeridade e economia processual com as exigências de segurança que são especialmente importantes em se tratando de penas privativas da liberdade.

**4.2** Essencial nesta lógica de reforço de garantias e, já agora, de homenagem aos princípios da culpa e da verdade material, cujos núcleos essenciais têm sempre de ser preservados (mesmo em tema de justiça negociada), é a proposta de que o juiz deve rejeitar o requerimento quando este for manifestamente infundado, nos termos do disposto no n.º 3 do artigo 311.º, ou por inexistirem indícios suficientes da prática do crime, ou quando houver indícios suficientes da prática de crime mais grave do que o imputado, mantendo-se a faculdade de rejeitar o requerimento por meio de decisão irrecorrível, quando entender que a sanção proposta é insuscetível de realizar de forma adequada e suficiente as finalidades da punição.

Onde até agora ao juiz estava vedada a análise da suficiência indiciária para o suporte da imputação criminal, passa a impor-se-lhe a rejeição do requerimento quando esses indícios faltem. O sentido da opção anterior reclamava-se da afirmação da estrutura acusatória do processo: ao juiz de julgamento não competia sindicar o bom fundamento do requerimento; isso seria matéria de instrução na forma comum, acaso o arguido, opondo-se à sanção proposta, requeresse depois a abertura daquela fase processual (atual artigo 398.º/2 do CPP); aceitando-a renunciaria tácita e inerentemente à sindicância daqueles indícios por um terceiro imparcial.

Ora, isto seria porventura suportável quando se tratava somente de penas e medidas de segurança não privativas da liberdade, mas cremos que não pode sustentar-se onde estejam em causa penas de prisão efetiva até 5 anos. Aquele dever de escrutinar os indícios em que se suporta o requerimento do MP, devida e efetivamente exercido, obstará de modo decisivo a eventuais excessos negociais que pudessem fazer degenerar o sistema para formas intoleráveis de sobreimputação e/ou infraimputação (quanto a esta última sem se olvidar que em causa está somente o princípio da verdade material). De resto, alguma doutrina vem sublinhando serem precisamente os sistemas como o nosso, de "investigação oficial" (ou *one case approach*), por neles se concentrar num "dossiê" único todo o material probatório, os mais aptos a salvaguardar a congruência entre a imputação e a realidade.[57] Claro está que, no caso de rejeitar o requerimento por insuficiência de indícios, o juiz ficará impedido de participar em julgamento que venha a ter lugar ulteriormente, procedendo-se à necessária alteração do artigo 40º do CPP que passará a contemplar ainda os casos em que o juiz recusou o requerimento por haver indícios suficientes da prática de crime mais grave do que o imputado ou ainda quando tiver aceite a sanção proposta ou contraproposto outra, mas o arguido acabe por se opor ou não aceitar tal proposta, conforme os casos.

Por outro lado, esse escrutínio judicial sobre a suficiência indiciária para a imputação, erigido em regra, levará à redundância de instrução,

---

[57] Inversamente, o modelo de "investigações paralelas" (*two cases approach*), no qual a acusação nem sempre faculta total acesso da defesa ao material recolhido, mostra-se o menos fiável para dar ao juiz uma base factual para o apuramento dessa congruência. Cf. Stephen C. Thaman, "Introduction", *in*: Stephen C. Thaman (Ed.), *World Plea Bargaining*, pp. xxv e xxvi.

atualmente prevista no artigo 398.º/2 do CPP – admitindo que esta fase processual sobreviva a reformas.

Uma garantia mais, por último. Cremos que deverá ficar expressamente prevista uma verdadeira proibição de *reformatio in pejus*, relativamente à pena proposta pelo MP *e* aceite pelo juiz, algo que de resto já é defensável mesmo com os atuais referentes positivos.[58] Com efeito, a possibilidade de ao arguido que não aceitou a pena vir a ser aplicada outra mais grave, abriria o flanco à consideração de que se tratasse de um modo de pressão para a aceitação ou mesmo de concretização de uma insuportável retorsão pela não aceitação; e na verdade, mal se poderia aceitar que o titular da pretensão punitiva do Estado e o titular desse poder punitivo considerassem adequada uma pena numa dada forma processual e já a tivessem por insuficiente[59] na outra. Naturalmente, a salvaguarda da extensão máxima dos princípios da verdade material e da investigação exaustiva dos factos impõe que se excecione a possibilidade de, em audiência, se apurarem circunstâncias que inequivocamente traduzam uma maior gravidade do facto ou da culpa do agente. Há de estabelecer-se, pois, que se o arguido se opuser ou não aceitar a sanção, conforme os casos, o juiz ordena o reenvio do processo para a forma que lhe caiba, equivalendo à acusação, em todos os casos, o requerimento do MP, e a pena aplicável não poderá então ser mais gravosa, na sua espécie e medida, do que a proposta pelo MP e aceite pelo juiz, *sem a atenuação acima mencionada*, exceto se em audiência se apurarem circunstâncias que inequivocamente traduzam uma maior gravidade do facto ou da culpa do agente, que não tenham sido consideradas na forma sumaríssima.

---

[58] Assim, v. Pedro Soares de Albergaria, "Os processos especiais na Revisão de 2007 do Código de Processo Penal", *Revista Portuguesa de Ciência Criminal*, 18, 4, 2008, p. 493 e ss., com citação de bibliografia.

[59] Idem, *Ibidem*. Schünemann (n. 54), p. 106 e s., refere que esse é um dos dois modelos possíveis de legitimação adicional de um acordo sobre a pena criminal. Este perigo de a ação penal ser usada de modo retorsivo, diante de uma não aceitação de forma menos onerosa de processo, também já foi considerada pelo Tribunal Europeu dos Direitos do Homem em *Deweer v. Belgium*, 25.2.1980, *European Human Rights Reports*, A, 35 (1979-1980), 2, p. 439, § 49. Sobre o ponto, v. Stefan Trechscel, *Human Rights in Criminal Proceedings*, Oxford U. Press, 2006, p. 113 e s.

**5.** Chegados aqui, estamos em crer que nos novos termos que propomos para o (novo) processo sumaríssimo é explorado, nos limites razoáveis da sua elasticidade, o potencial respetivo de simplificação e eficácia no tratamento da criminalidade efetivamente não grave, a ponto de poder esperar-se que, enfim, se torne fenomenologicamente no modo prevalente desse tratamento – razão pela qual e por último sugerimos ainda, com o valor simbólico que isso pode ter, e porque na verdade não é já a mesma coisa, que de "processo sumaríssimo" aquela forma seja renomeada como *"processo para aplicação de pena consensual"* ou outro equivalente.

# IV
# A fase de Instrução

No que respeita à fase de Instrução, que tanta tinta fez correr aquando da entrada em vigor do atual CPP, parece ser tempo de proceder a alterações significativas que façam inverter a tendência para a sua aproximação à audiência de julgamento, tendência verificada desde o início de vigência do CPP mas que se intensificou na reforma de 2007, como foi posto em destaque pela doutrina processual penal.

Não está, porém, necessariamente em causa, toda a instrução.

Como sabemos, a fase de Instrução – que é sempre facultativa no regime atual – visa atingir as seguintes finalidades: (I) comprovação da decisão de o MP deduzir acusação, a requerimento do arguido; (II) comprovação da decisão de o assistente deduzir acusação, em caso de procedimento dependente de acusação particular, a requerimento do arguido e (III) comprovação da decisão do MP de não deduzir acusação, a requerimento do assistente, quanto aos crimes de natureza pública ou semipública.

Ao falar de alterações significativas referimo-nos unicamente à instrução requerida pelo arguido, pois parece que deve manter-se no essencial o conteúdo da instrução como a conhecemos, quando requerida pelo assistente.

As alterações a sugerir, visam obter ganhos de tempo e meios, sem afetação de direitos materialmente relevantes do arguido, na medida em que o arguido que não seria pronunciado será absolvido na fase de julgamento e evita-se a instrução ineficaz nos restantes casos em que o arguido é pronunciado e, portanto, sujeito a julgamento contrariamente ao que pretendia.

Ao mesmo tempo, as alterações a propor permitirão enfatizar as diferenças de teleologia entre as fases preliminares e a fase de julgamento, clarificando o papel e as responsabilidades dos sujeitos titulares de cada uma delas, para além da própria defesa.

**1.** Comecemos, então, por recensear as razões e considerandos que guiaram a nossa discussão sobre as alterações que cremos desejáveis no regime da instrução requerida pelo arguido, que é a situação mais frequente na prática e a que do ponto de vista dos direitos daquele assume maior relevância, como aludido.

A fase de Instrução, nestes casos, representa uma solução de compromisso do processo português, ao fazer depender a instrução judicial no interesse do arguido sempre da iniciativa deste, independentemente da gravidade do crime ou de quaisquer outras circunstâncias. Por regra, a investigação criminal e a instrução do processo em sentido material são da exclusiva responsabilidade do MP, sem que o JIC possa intervir oficiosamente em tais domínios.

Requerida a instrução pelo arguido, o JIC pode então proceder a atos de recolha de prova e à valoração da prova por si coligida conjuntamente com toda a demais prova recolhida no inquérito, de modo a poder confirmar a decisão do MP de sujeitar o arguido a julgamento ou decidir em sentido contrário, que o arguido não terá que sujeitar-se a julgamento.

**2.** Começaremos por enunciar a alteração essencial a sugerir, expondo de seguida a motivação jurídica para essa mesma alteração.

A alteração preconizada, vai no sentido de reduzir a instrução facultativamente requerida pelo arguido à discussão da decisão de acusar, em diligência oral e contraditória, correspondente, nessa parte, ao atual debate instrutório, sem que haja lugar a produção de prova. A instrução requerida pelo arguido visaria, pois, a discussão da acusação de forma contraditória perante o órgão independente, tribunal, de modo a que a sua sujeição a julgamento não dependa apenas de decisão do órgão comprometido com a acusação.

A instrução a requerimento do arguido teria, assim, como objeto a apreciação de indícios resultantes da prova recolhida no inquérito, bem como a apreciação de nulidades e questões prévias ou incidentais que possam conduzir à não pronúncia, incluindo as proibições de prova.

**3.** Quanto à sua motivação jurídica, a alteração sugerida assenta em considerações de natureza diversa.
- Em primeiro lugar, por se nos afigurar que os ganhos de celeridade e economia, especialmente relevantes na criminalidade mais grave complexa, a justificam;
- Em segundo lugar, por se nos afigurar que são aceitáveis, por serem menores e mais facilmente controláveis, os riscos de parcialidade ou excessivo comprometimento do MP na decisão de acusar;
- Em terceiro lugar, parece-nos terem atualmente menos peso as razões de política criminal que, em última análise, sustentam o direito do arguido requerer a realização da instrução para não ser sujeito a julgamento;
- Por último, as alterações preconizadas parecem-nos conformes com a atual versão da constituição.

**3.1** A primeira daquelas razões – ganhos de celeridade e economia processuais – quase dispensará fundamentação.

Por um lado, é tautológico que a alteração do objeto da instrução que se preconiza diminuirá o seu tempo médio de duração em medida significativa. Por outro, aquela alteração tenderá mesmo a fazer diminuir o número de requerimentos para abertura da instrução, aumentando o número de casos em que o processo seguirá para julgamento logo após a acusação, o que parece ser um objetivo a prosseguir de forma ainda mais expressiva no futuro.

Por outro lado, ainda, o tempo economizado é tanto mais significativo quanto, as mais das vezes, a instrução extravasa o tempo linear da sua realização, pois são frequentes os recursos, quer da parte dos arguidos, quer do MP, sendo certo que nas hipóteses, estatisticamente mais numerosas, de pronúncia do arguido, apenas está em causa decisão interlocutória e tudo (ou quase tudo) volta a ser suscetível de nova decisão em julgamento.

Por último, a economia processual e a consequente economia de meios públicos e respetivos custos, mercê da diminuição da intervenção do tribunal, do MP e da própria defesa, quando oficiosa, que embora não constituam argumentos de natureza jurídica não deixam de ter um peso cada vez maior nas opções a tomar neste campo.

**3.2** Em segundo lugar, os riscos ligados ao perigo de policialização e administrativização do inquérito e de parcialidade na decisão de acusar, não são hoje significativos.

Desde logo, porque o MP encontra-se configurado como magistratura autónoma face ao executivo, contrariamente ao que podia apontar-se em épocas anteriores. Em trecho de 1932, dizia Luís Osório[60] que "os órgãos do MP constituem uma magistratura hierárquica e amovível subordinada ao Ministério da Justiça de quem recebe ordens, adquirindo por este meio a necessária unidade". Também Salgado Zenha afirmava em 1962, que "o MP não é outra coisa, entre nós, que um agente do governo sujeito hierarquicamente às ordens deste. Competindo-lhe perseguir, instruir e acusar, rompe-se todo o equilíbrio da instrução, a qual fica reduzida a uma autêntica corrida em disparada contra os presumíveis suspeitos, dentro dum critério unilateral e imoderadamente persecutório"[61].

Ora, é claramente outro o estatuto do MP em democracia, mostrando o seu percurso no domínio da CRP de 1976 que não existem discrepâncias relevantes entre a *law in books* e a *law in action*, podendo mesmo considerar-se um dos casos de autonomia face ao executivo mais bem conseguidos a nível europeu, não obstante a amplitude dos seus poderes no que respeita ao exercício da ação penal.

Por outro lado, a substituição do antigo JIC pelo MP no domínio da investigação não contribuiu para a maior policialização das investiga-

---

[60] Luís Osório, *Comentário ao Código de Processo Penal Português I*, Coimbra, Coimbra Editora, 1932 p. 141.
[61] Francisco Salgado Zenha, *Notas sobre a instrução criminal*, Braga: Universidade do Minho, 2002, p. 38.

ções, nem a fase de instrução pós acusatória seria meio adequado de resolver os eventuais problemas dali decorrentes. Mesmo no domínio do antigo JIC a maioria das diligências de recolha de prova eram levadas a cabo pelas polícias e não é a faculdade de o arguido requerer a abertura de instrução pós acusatória que a pode contrariar, pois a prova incriminatória é recolhida, em regra, antes da acusação, dada a especial teleologia da fase de inquérito – artigo 262º/1 do CPP. Boa parte do controlo judicial de que a prova canalizada para o processo no inquérito foi obtida com respeito pelos direitos fundamentais e pelas normas de direito probatório que a regem será levado a cabo pelo JIC, enquanto juiz de liberdades ou juiz das garantias.

A simplificação da instrução requerida pelo arguido em nada concorre, pois, para uma maior policialização das fases preliminares do processo.

Por outro lado, as alterações avulsas introduzidas no CPP têm ido no sentido do alargamento da publicidade e da contraditoriedade da fase de inquérito[62] não obstante as limitações decorrentes da natureza tendencialmente unilateral e não contraditória daquela fase processual. Embora a regra da publicidade do inquérito possa ter pouco significado no que respeita a um aumento efetivo do acesso do arguido aos autos nessa fase, dado que as necessidades da investigação impõem, genericamente, o segredo interno na maioria dos processos por criminalidade mais grave e complexa, não é tanto assim quando se trate de arguido em relação ao qual seja requerida a aplicação de medida de coação pelo MP, em resultado das novas regras introduzidas no art. 194º do CPP pela L 48/2007 de 29.8.

Ainda que estas regras sejam teleologicamente orientadas para a defesa da liberdade e outros direitos do arguido postos em causa pela medida de coação requerida, o alargamento do acesso às provas com

---

[62] Figueiredo Dias refere mesmo, na sequência das alterações introduzidas pela Lei 48/2007 de 29 de Agosto: "Continuo todavia a prever o dia em que a instrução será eliminada como fase processual autónoma; e tanto mais quando, como agora, *a fase do Inquérito se tornou pública e, consequentemente, contraditória*". Figueiredo Dias (n. 6, em segundo lugar), p. 376 (itálico nosso).

que o MP instruiu o seu requerimento nesses casos[63], constitui um alargamento indiscutível da matéria incriminatória cognoscível pelo arguido logo na fase de inquérito. Consequentemente, aumentam as suas garantias de defesa quanto ao objeto da investigação. Pode apresentar as explicações que entender, antecipar a realização de outras diligências no desenvolvimento da investigação e preparar a sua defesa relativamente a elas, tal como pode exercer com maior efetividade a faculdade legal de intervir no inquérito, oferecendo provas e requerendo as diligências que entenda necessárias.

De igual modo o reforço do direito de audição (cf. os citados artigos 272º e 194º/2, do CPP) e do direito a ser informado dos factos imputados[64] antes de ser ouvido por qualquer entidade, *maxime* o JIC (quer no 1º interrogatório judicial, quer antes da aplicação de medida de coação) ou o MP, em cumprimento da obrigação imposta pelo art. 272º do CPP, contribuem para que o arguido possa exercer uma defesa mais informada. Esbate-se, como refere Nuno Brandão: "...a necessidade de o arguido esperar pelo controlo judicial da acusação para aí exercer a defesa através da produção de nova prova"[65].

---

[63] Enquanto o artigo 86º do CPP faz depender a decisão do MP (bem como a sua *validação* pelo JIC) de sujeitar o processo a segredo aos *interesses da investigação*, o artigo 194º/5/b, com a redação da L 26/2010 de 30.8, apenas permite a ocultação das provas ao arguido quando o seu conhecimento por este *puser gravemente em causa a investigação ou impossibilitar a descoberta da verdade*, para além dos motivos relativos aos participantes processuais ou às vítimas do crime.

[64] Cf., artigos 61º/1, 141º/1/4, 144º, 194º/3 e 272º, todos do CPP

[65] Cf., Nuno Brandão, "A nova face da instrução", *Revista Portuguesa de Ciência Criminal*, 18, 2-3, 2008, p. 236. Este autor conclui mesmo que é vantajosa a substituição da fase da instrução para comprovação judicial da acusação por "...um modelo de controlo mais leve e flexível, com um importante ganho de celeridade e sem afronta constitucional intolerável ao direito de defesa do arguido...".

Também Figueiredo Dias sempre defendeu solução do mesmo tipo, sintetizando assim o seu pensamento sobre o tema: "Questão será saber se a fase instrutória deve ser substituída à maneira alemã, por uma simples decisão do tribunal de julgamento de abrir a audiência ou ordenar o arquivamento; ou deverá ainda admitir-se, à maneira da *preliminary hearing* norte-americana, a existência de um debate instrutório. A minha preferência vai – sempre foi – para esta última solução. Uma rápida e contínua audiência pública, exclusivamente oral, contraditória e versando sobre questões – de facto e/ou de direito – prévia e rigoro-

Por último, importa lembrar o papel de juiz das liberdades ou das garantias que o JIC assume ao intervir necessariamente quando estejam causa atos ou diligências probatórias ou outras medidas de natureza processual que ponham em causa direitos, liberdades e garantias. Este papel que tem mesmo aumentado à medida que aumenta a relevância crescente da prova recolhida antes do julgamento para sustentar a decisão final, correlativa das limitações, do julgamento oral, contraditório e sujeito ao princípio da imediação, cada vez mais visíveis nos processos de maior complexidade.

Mostra-se firme a doutrina e jurisprudência no sentido de existir nessas matérias verdadeira reserva de juiz com assento constitucional no art. 32º/4 da CRP, apesar de, diga-se *en passant*, não constituir ato isolado a manifestação de algum desencanto coma intervenção do JIC no inquérito, tida por demasiado colada à posição do MP[66].

**3.3** Quanto ao fundamento de natureza político-criminal, que, em última análise, justificará a necessidade de comprovação judicial da

---

samente determinadas pelo juiz de instrução e por ele decididas no seu despacho final". Cf. Figueiredo Dias (n. 6, em segundo lugar), p. 376.

Ou seja, preconizando embora a supressão da instrução judicial enquanto fase processual autónoma, parecem entender estes autores que deve subsistir um momento do processo destinado à comprovação judicial da decisão de acusar. Embora não seja claro para nós se tal fica a dever-se ao que entendem ser uma imposição constitucional ou, antes, por ser essa a solução imposta por princípios intrínsecos do processo penal ou, simplesmente, por ser a solução que têm por mais equilibrada, a verdade é que a alteração que preconizamos se aproxima claramente daqueles autores.

[66] A este respeito, diz, por todos, Manuel da Costa Andrade, ao discorrer sobre os procedimentos ocultos de investigação, que "...os dados empíricos recolhidos deixam a descoberto o mimetismo sistemático dos juízes de instrução quanto ao pedido da acusação. Isto é, a sua propensão para, em praticamente todos os casos, decidir – tanto no se como na medida – conforme o solicitado." Cita a esse propósito Bruning que fala de um *tigre sem dentes* para ilustrar aquilo que na sua perspetiva o JIC se tornou – cf. Manuel da Costa Andrade, «"Bruscamente no verão Passado", a reforma do Código de Processo Penal – Observações críticas sobre uma Lei que podia e devia ter sido diferente», *Revista de Legislação e Jurisprudência*, 137º, 3950, 2008, p. 284 e s.

Para a Alemanha, Schünemann chega a propor que o controlo de violações dos direitos fundamentais na fase de investigação deixasse de ser exclusivo do JIC, estabelecendo-se um nível de controlo fora do sistema de justiça penal. Cf. Schünemann (n. 54), pp. 59-60.

decisão de acusar, ou seja, evitar que o arguido seja sujeito à infâmia e incómodos do julgamento público (V. Ac. TC 610/96), suscita-nos este as seguintes considerações.

Em primeiro lugar, o tribunal constitucional tem entendido que a Constituição não estabelece qualquer direito dos cidadãos a não serem submetidos a julgamento, sem que previamente tenha havido uma completa e exaustiva verificação de existência de razões que indiciem a sua presumível condenação[67], pois segundo o TC "... o simples facto de se ser submetido a julgamento não pode constituir, só por si, no nosso ordenamento jurídico, um atentado ao bom nome e reputação"[68].

Em segundo lugar, embora constitua convicção não comprovada por estudos empíricos, afigura-se-nos que hoje em dia o risco que correm a honra e bom-nome dos cidadãos inocentes por via da sua perseguição penal não resulta propriamente da sua sujeição a julgamento. Aquele perigo advém sobretudo da notícia de ser suspeito ou arguido em processo crime e não da circunstância de ser sujeito a julgamento, na fase respetiva, nomeadamente quando colocado o julgamento em contraponto com a dedução de acusação ou com a abertura da fase de instrução.

Atento o grau de indiferenciação com que os *media* noticiam os acontecimentos relativos a processos-crime, que corresponde, estamos em crer, a igual grau de indiferenciação por parte da generalidade da população destinatária dessas mesmas notícias, a sujeição a julgamento não constituirá hoje gravame de peso, face à constituição de arguido,

---

[67] Assim, Brandão (n. 65), p. 231. V., aí, a referência ao entendimento contrário de Fernanda Palma, que no citado voto de vencido aposto no Ac. TC 459/2000, escreveu: "Eventuais argumentos de celeridade processual e de impedimento de diligências dilatórias, com que, por vezes, se tenta influenciar a opinião pública contra o excesso de garantismo penal, e que parecem ter influenciado a alteração do regime legal, só adquirem, todavia, validade à custa da aceitação, quanto a mim intolerável, de que nas sociedades contemporâneas não há um direito processual com dignidade constitucional de evitar ser submetido a julgamento, apesar da diminuição de direitos fundamentais que tal situação acarreta e ainda que seja respeitada a presunção de inocência nessa fase."

[68] Cf. Ac. TC 474/94 e 551/98, reassumido no Ac. TC 459/2000, que cita no mesmo sentido o Ac. TC 54/2000, onde, não obstante, foi reconhecido ao arguido o direito de, em regra, *provocar a comprovação judicial da acusação através de instrução*.

acusação ou abertura de instrução. Ponto é que tais factos sejam objeto de notícia.

Por outro lado, a diminuição do número de casos de instrução e, em todo o caso, a redução do seu tempo de duração, pode contribuir para que saia clarificada a perceção pública da distinção entre o juízo indiciário, próprio da acusação, e o juízo tendente à definitividade, próprio do tribunal, o que reverterá a favor da melhor compreensão do princípio da presunção de inocência e, consequentemente, da honra e bom nome dos cidadãos penalmente perseguidos.

**3.4** Assim, a razão de ser da instrução encontrar-se-á sobretudo no direito do arguido a não ser sujeito a julgamento em casos de manifesta falta de fundamento de facto ou de direito, conforme tem afirmado parte da doutrina e o tribunal constitucional em alguns casos.

Na verdade, apesar do entendimento do TC antes referido, no sentido de os cidadãos não gozarem do direito constitucional a não serem submetidos a julgamento, parece ser igualmente significativo o entendimento de que "O princípio da acusação não dispensa, antes exige, o controlo judicial da acusação de modo a evitar acusações gratuitas, manifestamente inconsistentes, visto que a sujeição a julgamento é, já de si, um incómodo muitas vezes oneroso e não raras vezes um vexame"[69].

O tribunal constitucional afirmou já no Ac. 54/2000 o direito constitucional à instrução, no sentido de ser reconhecido ao arguido o direito de sujeitar a decisão de acusar a comprovação judicial: "(...) as normas do artigo 32º, n.ºs 1( ...) e 4 da Constituição da República, assegurando ao arguido todas as garantias de defesa e referindo a existência de uma instrução da competência de um juiz, impõem, não só que o processo criminal preveja, em princípio, a faculdade de o arguido provocar a comprovação judicial da acusação, como que os termos em que tal faculdade pode ser exercida não lhe retirem na prática consistência. A atribuição ao arguido, em regra, do direito de requerer a abertura de uma fase processual que "visa a comprovação judicial da decisão de deduzir acusação

---

[69] Cf. Joaquim Gomes Canotilho / Vital Moreira, *Constituição da República Portuguesa Anotada, I*, Coimbra: Coimbra Editora, 2007, p. 522.

(...) em ordem a submeter ou não a causa a julgamento" (n.º 1 do artigo 286º do Código de Processo Penal) deve, pois, incluir-se nas garantias de defesa em processo penal constitucionalmente impostas".

Também Henriques Gaspar parece considerar ter assento constitucional o direito do arguido requerer a abertura de instrução, como forma de assegurar que "(...) a sujeição de alguém a julgamento não fique apenas no âmbito de decisão de um órgão eminentemente comprometido com a acusação", permitindo-se "(...) uma verificação judicial para que um acusado não seja ou não deva ser submetido a julgamento injustificadamente ou sem provas bastantes e suficientemente consistentes"[70].

Ora, apesar de não considerarmos encerrada a questão, pois parece fazer sentido uma interpretação do art. 32º/4 da CRP que veja nele somente o propósito – chamemos-lhe minimalista – de assegurar a intervenção do juiz no processo antes do julgamento, "para salvaguardar a liberdade e a segurança dos cidadãos no decurso do processo crime e para garantir que a prova canalizada para o processo foi obtida com respeito pelos direitos fundamentais"[71], de acordo com uma interpretação mais apegada ao legislador histórico[72] valerá certamente o entendimento mais exigente.

A ser assim, a simplificação da instrução que preconizamos mostrar-se-á claramente conforme à constituição e só alteração mais profunda – no sentido da eliminação da faculdade de o arguido requerer a abertura de instrução, permitindo-se a sua sujeição a julgamento mediante citação direta do MP – suscitaria problemas de constitucionalidade.

---

[70] Cf. António Henriques Gaspar, "As exigências da investigação no processo penal durante a fase de instrução" in: AAVV, *Que futuro para o direito processual penal?*, Coimbra: Coimbra Editora, 2009, p.90 e s.

[71] Nestes termos a o Acórdão nº 6 da Comissão Constitucional citado no Ac. TC 7/87.

[72] Não tanto o propósito constitucional originário, que seria antes o de atribuir ao JIC competência para a realização de toda a instrução (preparatória e contraditória), mas com o sentido que foi reconhecido ao art. 32º/4 da CRP posteriormente ao CPP de 1987, ou seja, o de *obrigar* à intervenção do JIC na fase de Inquérito sempre que esteja em causa ato ou diligência que afete diretamente direitos, liberdades ou garantias do cidadão, conjugado com a faculdade de o arguido acusado requerer a abertura da fase de instrução. V. Canotilho / Moreira (n. 69), p. 521 e Acs. TC supracitados em texto.

# V
# Julgamento

**1. Sentença abreviada**
**1.1.** A necessidade de agilizar o processo penal surge como tarefa indispensável num momento e num tempo em que o enorme volume de trabalho é uma constante dos tribunais, sendo certo que a simplicidade, a clareza e a precisão na realização de atos processuais poderão em muito contribuir para conseguir um procedimento mais rápido sem pôr em causa o exercício dos direitos fundamentais do cidadão.

O atual CPP estabelece, no domínio do processo comum, um regime formal e rigoroso de elaboração e pronunciamento da sentença, que transmite a relevância do ato no processo.

A sentença, como ato documental, começa por um relatório a que se segue a elaboração da fundamentação, que consta da enumeração dos factos provados e não provados, bem como de uma exposição de motivos tanto quanto possível completa, ainda que concisa, dos motivos, de facto e de direito, que fundamentam a decisão, com indicação e exame crítico das provas que serviram para formar a convicção do tribunal. Termina pelo dispositivo que contém as disposições legais aplicáveis, a decisão condenatória ou absolutória. Trata-se de uma estrutura formal idêntica para todas as formas de processo.

A diferenciação processual permite, no entanto, uma estrutura da sentença adequada à diversidade do procedimento. Solução que, aliás, foi consagrada com a reforma de 2010 através da introdução de um mecanismo de sentença oral para os processos especiais, sumário e abreviado.

O CPP estabelece assim nos artigos 389º-A e 391º-F, respeitantes àqueles processos, que a sentença "é logo proferida oralmente", apenas sendo escrita e ditado para a ata o *dispositivo*.

**1.2** Para além da diferenciação processual também o consenso sobre o núcleo essencial da sentença, ou seja os factos provados e o dispositivo, pode permitir soluções diferenciadas na forma de proferir sentenças.

No direito comparado, de que são exemplo a Alemanha e a Suíça, em alguns dos seus códigos ou no novo Código de Processo Penal, são admissíveis situações de sentenças abreviadas ou seja, onde apenas seja pronunciada, de seguida ao momento da deliberação, a parte dispositiva da sentença, relegando-se para ulterior momento a elaboração e exposição da fundamentação.

No Ac. 27/2007, de 17.1, o TC admite uma fundamentação diferenciada consoante os casos, na medida em que se afirma que "a fundamentação [não] tem de obedecer a qualquer modelo único e uniforme, podendo (e devendo) variar de acordo com as circunstâncias de cada caso e as razões que neste determinaram a convicção do tribunal".

**1.3** É esta possibilidade que se pretende, agora, introduzir no CPP.

Trata-se de permitir que, em determinadas circunstâncias, seja possível proferir uma sentença estruturada apenas na indicação dos factos provados e na parte dispositiva da sentença, relegando-se para ulterior momento, se necessário em função do recurso, a fundamentação exaustiva da motivação probatória da decisão.

Quando a sentença for consensual para o seu auditório técnico, nomeadamente perante todos os sujeitos processuais, então a paz jurídica, como finalidade do processo não necessita de outra forma sentencial que não a *enumeração* escrita *dos factos provados* e do dispositivo e a fundamentação oral das razões do decidido.

No caso de interposição de recurso possibilita-se que a sentença seja completada pelo relator com a fundamentação, depois de apresentado o requerimento para interposição de recurso no prazo legal, assegurando-

-se um procedimento que possibilite o acesso em tempo à motivação da sentença, que deve ser comunicada integralmente, por escrito, ao recorrente, contando-se a partir de então prazo para apresentação da motivação de recurso.

**1.4** Importa referir que se excepciona sempre a situação de sentença condenatória que aplique pena privativa de liberdade ou ainda as situações em que o Tribunal entenda, face às circunstância do caso, que deve elaborar desde logo a fundamentação total.

Nestas exceções pretende-se garantir que a aplicação de uma pena de prisão ou de uma medida de segurança deve levar em consideração no programa de execução subsequente todo o condicionalismo que o tribunal ponderou, nomeadamente, algumas das razões que sustentam o processo justificativo que consubstancia a fundamentação e que levaram à aplicação dessa pena concreta.

Por outro lado, em qualquer situação, mesmo quando se aplicam outros tipos de penas pelo tribunal, seja de multa, de suspensão da execução da pena de prisão, de trabalho a favor da comunidade, deve deixar-se ao tribunal de condenação – e aqui sem qualquer restrição – a possibilidade de, se assim for entendido, ser elaborada uma decisão fundamentada nos termos em que esta está, atualmente, estabelecida no artigo 374º/2 do CPP.

A decisão de fundamentar uma decisão deve ainda ser deixada ao critério do Tribunal mesmo nos casos em que tenha sido expressamente manifestada vontade de não recorrer por todos os intervenientes com legitimidade para o efeito.

A opção do tribunal, nestes casos, justifica-se por razões de natureza extraprocessual subjacentes à finalidade da fundamentação, nomeadamente em sede de legitimação da decisão, de acordo com as exigências do auditório mais amplo que ultrapassa aqueles que diretamente são afetados pela decisão. A relevância social de uma decisão ou o impacto que a mesma possa ter em qualquer dos auditórios a que se destina pode condicionar uma opção jurisdicional que leve ao não funcionamento da compressão da fundamentação. A decisão do tribunal de concretizar a fundamentação da sentença será, nesta perspetiva, soberana e por isso insuscetível de ser sindicada por recurso.

O princípio constitucional da fundamentação das decisões mostra-se respeitado em todas as hipóteses, pois o Tribunal deve apresentar, sempre, a fundamentação oral da decisão.

## 2. Valoração em audiência das declarações do arguido prestadas em fase anterior

### 2.1 Delimitação do tema de reflexão

O presente tema prende-se com a atual proibição de leitura/audição/ /visualização de declarações do arguido prestadas em fase anterior à audiência de julgamento, perante juiz de instrução, quando em julgamento opta por remeter-se ao silêncio ou é julgado na ausência (nas situações legalmente previstas), inexistindo, portanto, manifestação de vontade concordante com a leitura daquelas declarações. Está em causa aferir da oportunidade de se proceder a uma alteração legal nesta matéria, ponderando os princípios da imediação e da oralidade, o direito ao silêncio, as garantias de defesa do arguido, a dignidade deste sujeito processual, a lealdade processual e o quadro constitucional e legal vigentes.

O tema prende-se com a questão de saber se a inadmissibilidade de certos meios de prova, consagrada na lei atual, não reflectirá uma visão exageradamente paternalista do legislador processual, apenas compreensível num determinado momento histórico pós-ditadura, numa democracia nova, que saída de um estado policial, mostrava muitas reservas relativamente à investigação e aos próprios juízes, centrando-se especialmente nas garantias do arguido.

Cabe perguntar se numa democracia já madura, não será de equilibrar os pratos da balança deixando de centrar nos interesses do Estado e na pessoa do arguido todo o processo penal e de relegar para segundo plano as vítimas, considerando em termos mais consentâneos com os ventos que sopram da União Europeia, o direito que têm as vítimas a que se lhes faça justiça, ainda que, sempre, por meios processualmente válidos.

Perspetivar, pois, o processo penal à luz de uma relação triangular, onde se analisem, conjugadamente, no sentido da sua harmonização, o poder punitivo do Estado e o interesse comunitário em que sejam punidos os delinquentes, os direitos fundamentais do arguido, mas também o direito pessoal da vítima em ver punido o agente do crime.

Numa democracia consolidada, com uma magistratura independente, abandonado há muito um Estado policial, não se imporá mesmo, à luz do direito das vítimas e do Estado em punir o agente do crime, que sejam valoradas as declarações do arguido prestadas perante um juiz em fases anteriores, mesmo que se remeta ao silêncio ou esteja ausente, sem com isso se beliscar as suas garantias de defesa e desequilibrar os valores em jogo?

## 2.2 As declarações confessórias do arguido. Os princípios do inquisitório e do acusatório

No nosso processo penal vigora o princípio do acusatório, mitigado pelo princípio da investigação da verdade material. Ultrapassado – e não coadunável com um Estado de direito democrático – está o puro princípio do inquisitório, em que a confissão era a rainha das provas, a obter a todo o custo, mesmo com violação dos mais elementares direitos do arguido, perspetivando este como mero objeto do processo. Ultrapassado esse paradigma de processo, vigora entre nós o princípio do acusatório, sem, contudo, deixar de impor ao julgador a procura da verdade material por meios processuais válidos e respeitadores da dignidade e garantias de defesa do arguido, em que este é tomado não como objeto do processo, mas como seu sujeito.

Procurando obviar a declarações confessórias não livres ou coagidas, o legislador estabeleceu todas as cautelas para que a confissão fosse aceite como meio de prova, nos termos do artigo 344.º do CPP.

Ora, justamente, o primeiro passo para que possam valorar-se em audiência declarações confessórias do arguido anteriormente prestadas perante um juiz, está em acautelar-se a sua liberdade e vontade de as prestar[73], só assim se respeitando um verdadeiro processo acusatório. Sobre este aspeto nos debruçaremos adiante, com mais atenção.

---

[73] Concretamente através da advertência ao arguido de que as declarações poderão ser lidas/ouvidas/visualizadas e valoradas em audiência, mesmo que se remeta ao silêncio ou esteja ausente, devendo a falta de tal advertência conduzir a uma verdadeira proibição de prova.

## 2.3 A solução legal portuguesa

Atualmente, é ponto assente que para se preencher o disposto no artigo 357.º/1/b do CPP, é necessário que o arguido fale em audiência, pois caso se remeta ao silêncio ou esteja ausente, o legislador veda a possibilidade de leitura das declarações anteriores. Desde que fale em audiência, mesmo que o arguido negue os factos, o tribunal pode condená-lo com base em anteriores declarações, caso convençam ao abrigo do artigo 127.º do CPP, pelas regras da experiência, por si só, ou conjugadas com a demais prova.

Isso permite, para a nossa reflexão, realçar duas realidades: a valoração das declarações anteriormente prestadas, ao abrigo do artigo 127.º do CPP, não depende do modo como se encontram registadas, sendo indiferente que se encontrem reduzidas a escrito, gravadas e/ou filmadas; segundo, a condenação pode fundar-se tão-somente nestas declarações, não existindo quaisquer restrições nesse sentido.

No entanto, aquela valoração assenta num pressuposto inultrapassável: o arguido esteve presente e não usou do seu direito ao silêncio. Considerou o legislador que o silêncio ou a ausência do arguido em audiência, inutilizam todas as anteriores declarações prestadas perante juiz, quando aquele não pretenda valer-se delas.

Conclui-se, contudo, que no quadro legal vigente é possível a transmissão de declarações do arguido para a fase de julgamento e que tal nunca foi entendido como uma limitação desproporcional do princípio da imediação, até porque a valoração de tais provas dependem de leitura, visualização ou audição numa audiência de cariz contraditório, com um dinamismo próprio.

O legislador atual também não coloca óbices a que essas declarações fundem por si a convicção do julgador, não existindo qualquer limitação ao princípio da livre apreciação da prova – artigo 127.º do CPP – no sentido de a decisão condenatória "não poder fundar-se exclusivamente, e de modo decisivo, nessas declarações"[74].

---

[74] Limitação que é imposta, por exemplo, no art. 19.º/2 da Lei de Proteção de Testemunhas, no caso de testemunhas cuja identidade não foi revelada. A *ratio* é uma limitação acentuada no exercício do contraditório, o que não se verifica no caso que analisamos, já que se trata da valoração de declarações em que o arguido foi advertido de que se poderia

Consideramos assim que no atual regime processual já é possível a migração de declarações do arguido escritas, gravadas ou filmadas, sujeitas ao princípio da livre convicção, e que se entende não contender de forma absoluta com o princípio da imediação.

O grande "tabu" do legislador é o direito do arguido ao silêncio ou a sua ausência em audiência, embora seja legalmente admissível a hipótese – ainda que mais académica que real – de o arguido se remeter ao silêncio ou estar ausente, mas solicitar a leitura de anteriores declarações prestadas, hipóteses em que o seu silêncio ou ausência não obstam à leitura e respetiva valoração. Fora estas situações, o legislador considera que o silêncio ou ausência em audiência "apagam" anteriores declarações incriminatórias. E por ser justamente esta a "pedra de toque", deverá refletir-se se é possível conceber um regime com a adequada compatibilização entre a leitura de declarações anteriores e o direito do arguido em não se autoincriminar.

### 2.4 A valoração das declarações do arguido prestadas antes da audiência de julgamento, em caso de silêncio ou ausência. Uma discussão premente

A questão da valoração das declarações anteriores do arguido suscita-se com alguma premência atendendo à incompreensibilidade que gera na comunidade, que não entende o porquê de o arguido que confessa o seu crime perante um juiz ser absolvido, porque, na falta de demais prova, se remete ao silêncio em audiência ou nem sequer nela participa. Algumas destas situações têm sido divulgadas na comunicação social, gerando tal limitação legal indignação, desconfiança e descredibilização do sistema judicial junto dos cidadãos. Sendo o processo penal um repositório dos valores de uma comunidade num determinado período histórico e sendo constante o dilema entre uma adequada compatibilização entre o direito das vítimas, do Estado e da comunidade em perseguir e punir o agente do crime e por outro lado a necessidade de acautelar a

---

remeter ao silêncio, mas optou por se pronunciar, sendo que ao lhe ser comunicados os factos que lhe são imputados, teve a plena possibilidade de pessoalmente exercer o seu contraditório, na presença de defensor.

dignidade e todas as garantias de defesa do arguido, não poderá deixar de ser igualmente um elemento de reflexão quando os cidadãos não compreendem determinadas proibições legais, como é o caso, pois aos seus olhos declarações confessórias prestadas perante um juiz, deverão conduzir, em regra, a uma punição criminal.

Mas a oportunidade da discussão não vem apenas da *vox populi*, potenciada e divulgada pela comunicação social. Muitos juristas colocam interrogações ao atual figurino legal, considerando-o como fator de descredibilização e incompreensão por refletir um garantismo injustificado. Outros, porém, continuam a entender a limitação legal como reflexo imperativo e inultrapassável do direito ao silêncio que imporia manter-se intocável o regime legal vigente.

De todo o modo, o próprio poder político colocou esta questão na ordem do dia através da Resolução do Conselho de Ministros 17/2011, de 4.3 (*DR*, I série, n.º 45), que ao abrigo da alínea g) do artigo 199.º da CRP resolveu considerar prioritário para o reforço dos instrumentos de combate ao crime organizado e à corrupção: "a consagração legal da valoração da prova produzida durante a fase de inquérito ou instrução, designadamente as declarações do arguido, desde que prestadas perante juiz e com garantias plenas de defesa, incluindo a assistência de advogado (ponto 7, c))".

O primeiro aspeto a realçar é que se trata de uma alteração considerada prioritária do combate da criminalidade, designadamente organizada e corrupção.

O segundo é que a valoração das declarações anteriores ao julgamento apenas é admissível quando se verifiquem os seguintes pressupostos: (I) as declarações terem sido prestadas perante um juiz e (II) mostrarem-se asseguradas as garantias de defesa, embora mencionando concretamente apenas a assistência de um advogado.

O terceiro aspeto a realçar é que aquela alteração não colocava quaisquer óbices à valoração das declarações em função da ausência ou silêncio do arguido.

Também na reforma de 2007 o legislador, ainda que timidamente, ampliou a possibilidade de utilização das declarações do arguido prestadas perante juiz antes da audiência de julgamento, ao prever que as mesmas possam ser lidas quando forem contraditórias ou discrepantes com as prestadas na audiência, independentemente do grau de contradição ou discrepância[75] (artigos 356.º e 357.º do CPP).

De ambas as situações se pode extrair uma outra conclusão. A consciência e perceção de que para que se atinjam os desideratos do processo penal é necessário ampliar as possibilidades de leitura de declarações do arguido prestadas anteriormente à audiência de julgamento, tendo como pressupostos inultrapassáveis que estas sejam prestadas perante o juiz e sejam acauteladas todas as garantias de defesa do arguido. É justamente sobre essa compatibilização e harmonização que continuamos a nossa reflexão.

## 2.5 Soluções no direito comparado
### 2.5.1 Espanha

Em Espanha estabelecem-se determinadas cautelas à prova por confissão, no sentido de se praticarem todas as diligências para apurar da sua veracidade, dispondo o artigo 406.º da *Ley De Enjuiciamiento Criminal* (LEC) que "La confesión del procesado no dispensará al Juez de Instrucción de practicar todas las diligencias necesarias a fin de adquirir el convencimiento de la verdad de la confesión y de la existencia del delito. Con este objeto, el juez instructor interrogará al procesado confeso para que explique todas las circunstancias del delito y cuanto pueda contribuir a comprobar su confesión, si fue autor o cómplice y si conoce a algunas personas que fueren testigos o tuvieren conocimiento del hecho."

De toda a maneira, tal como em Portugal, caso o arguido em audiência de julgamento negue ou preste declarações contraditórias com o depoimento primeiramente prestado[76], poderá atender-se a este, dispondo o artigo 405.º da LEC que "Si en las declaraciones posteriores se pusiere el procesado en contradicción con sus declaraciones

---

[75] Relembre-se que a anterior redação do art. 357.º/1/b do CPP dispunha que a leitura das declarações anteriormente feitas pelo arguido só era permitida quando tivessem sido prestadas perante o juiz e houvessem contradições ou discrepâncias sensíveis entre elas e as feitas em audiência que não pudessem ser esclarecidas de outro modo.

[76] Não estabelecendo, contudo, a Lei Espanhola, ao contrário da Portuguesa, de qualquer destrinça perante que entidade foram prestadas essas declarações.

primeras o retractare sus confesiones anteriores, deberá ser interrogado sobre el móvil de sus contradicciones y sobre las causas de su retractación."

E se o arguido se remete ao silêncio em audiência de julgamento?

Sobre esta matéria tem entendido o Supremo Tribunal de Espanha[77] que o direito ao silêncio poderá exercer-se em cada momento processual que se deseje, mas não pode retroagir a momentos precedentes, no sentido do silêncio em julgamento neutralizar anteriores manifestações do arguido, concretamente aquelas prestadas perante juiz de instrução[78], com a presença de advogado e após informado dos seus direitos constitucionais, especialmente do direito ao silêncio, renuncie a este e fale sobre os factos. O arguido ao remeter-se ao silêncio em julgamento não pode ter a pretensão de projetar e afetar declarações legitimamente prestadas, exceto caso se prove ilicitude na sua obtenção. Em todas estas situações as declarações do arguido são introduzidas em julgamento através do artigo 730.º LEC[79] (entre outras, a STS 926/2006, de 6 de Outubro, ou, mais recentemente, a STS 30/2009, de 20 de Janeiro).

Entende-se que ao introduzir em audiência de julgamento as anteriores declarações através do artigo 730.º da LEC, passa a cumprir-se todas as exigências constitucionais da publicidade, imediação e contraditório, já que a defesa tem todas as possibilidades de "combater" o conteúdo da primeira declaração. Considera, contudo, o Tribunal Constitucional Espanhol que para serem aceites anteriores declarações do arguido e para que possam fundamentar uma condenação judicial é necessário levar em conta diversos fatores. Designadamente, o arguido antes de

---

[77] Veja-se, em comentário a recente decisão, Gonzales Torres Abogados, SL, "El valor probatório de las declaraciones sumariales del acusado cuando este guarda silencio en el juicio oral segun el tribunal" in: http://www.facebook.com/note.php?note_id=126653854026849, a 24 de Maio de 2010. Sobre esta matéria consulte-se http://sentencias.juridicas.com/docs/00319250.html, especialmente decisão do Tribunal Supremo Sala II de lo Penal, sentencia 95/2010, de 12 de Febrero, de Julian Artemio Sanchez Melgar.

[78] Em algumas situações também admite a jurisprudência espanhola a valoração de declarações prestadas perante os OPC, o que, por extravasar este trabalho, não se abordará.

[79] Preceito que dispõe: "Podrán también leerse a instancia de cualquiera de las partes las diligencias practicadas en el sumario, que, por causas independientes de la voluntad de aquéllas, no puedan ser reproducidas en el juicio oral."

prestar declarações deve ser informado dos seus direitos, serem efetuadas as advertências legais e estar na presença de um advogado (STC 86/1995, 6 de Junho).

A outra interpretação legal que tem permitido a valoração de anteriores declarações do arguido que se remete ao silêncio em audiência é através do artigo 714.º da LEC[80], considerando que no conceito de contradição se deverá englobar todas as condutas do arguido que juridicamente possam ser consideradas contrárias às assumidas nas anteriores fases. Assim, quando o arguido confessou os factos e depois se remeteu ao silêncio em audiência, tal deve ser considerada contradição para efeitos do artigo 714.º da LEC.[81-82]

É, portanto, jurisprudência do Supremo Tribunal Espanhol, que se o arguido prestou anteriormente declarações perante um juiz, rodeado de todas as garantias, o seu silêncio em julgamento não torna inexistentes as anteriores declarações, pois foram exercidas em outro momento processual, no exercício da sua liberdade de prestar declarações, com o conteúdo que entendeu conveniente, e depois de asseguradas todas as garantias de defesa (STS n.º 590/2004, de 6 de Maio).

Importa notar, contudo, que caso o arguido se remeta ao silêncio, mesmo a valorarem-se anteriores declarações, a audiência deverá prosseguir, dispondo o artigo 698.º da LEC que "Se continuará también el juicio cuando el procesado o procesados no quieran responder a las preguntas que les hiciere el Presidente".

---

[80] "Cuando la declaración del testigo en el juicio oral no sea conforme en lo sustancial con la prestada en el sumario, podrá pedirse la lectura de ésta por cualquiera de las partes. Después de leída, el Presidente invitará al testigo a que explique la diferencia o contradicción que entre sus declaraciones se observe."

[81] Sentencia do STS n.º 25/2008, recurso 497/2007, de 29/01/2008, de Juan Ramón Berdugo Gómez de la Torre STS, consultado em https://wikipenal.wikispaces.com/08Ene--Inocencia+y+valoracion+del +silen– cio +acusado

[82] Em Portugal esta interpretação no sentido de que o silêncio em audiência é contraditório ou discrepante com a confissão que prestou anteriormente foi afastada, entre outros, pelo Ac. STJ, de 93-10-07, proc. n.º 43825, citado por Manuel Leal Henriques / Manuel Simas Santos, *Código de Processo Penal Anotado*, p. 390).

## 2.5.2 Brasil

No sistema brasileiro a confissão é um meio de prova que mesmo que obtida numa fase anterior, quer seja no interrogatório, quer posteriormente, mas necessariamente reduzida a termo, poderá ser utilizada em julgamento e sustentar uma condenação, embora não dispense a produção de prova, no sentido de, essencialmente, apurar da veracidade da mesma, não sendo assim absoluta.

Enquadrado no setor dos meios de prova, o Código de Processo Penal brasileiro (CPPB) regulamenta a prova por confissão nos seus artigos 197.º e ss. Dispõe o artigo 197.º do citado diploma que "O valor da confissão se aferirá pelos critérios adotados para os outros elementos de prova, e para a sua apreciação o juiz deverá confrontá-la com as demais provas do processo, verificando se entre ela e estas existe compatibilidade ou concordância".

Em regra, como se disse, o momento próprio para a confissão será o primeiro interrogatório judicial. Contudo, caso seja obtida posteriormente, para valer como confissão judicial[83] deverá ser reduzida a termo, preceituando, a este propósito, o artigo 199.º do CPPB que "A confissão, quando feita fora do interrogatório, será tomada por termo nos autos".

Esta confissão é valorável em julgamento[84], não enquanto prova tarifada e plena, mas sujeita à livre convicção do tribunal, como decorre do

---

[83] A confissão judicial é a feita judicialmente perante o Juiz Competente. A confissão extrajudicial também é aceite, mas deve ser sempre ratificada em Juízo e em todos os seus termos, sob pena de invalidade. A confissão produzida na fase inquisitorial deve, assim, ser ratificada na instrução criminal. Fala-se ainda em confissão tácita. "Grande parte da doutrina identifica e admite a chamada confissão implícita ou tácita, quando, por exemplo, o acusado repara o dano causado pela infração penal ou pratica qualquer outro ato que enseje concluir pela veracidade da imputação. O comportamento do réu em relação à vítima e ao dano causado pelo delito indicaria que ele teria sido o autor da infração penal, ainda que assim não o declarasse expressamente. No entanto, a confissão implícita deve ser vista com *muita cautela, admitindo-a apenas como mero indício*" (Rômulo de Andrade Moreira, Promotor de Justiça, Professor de Direito Processual Penal da Universidade Salvador-UNIFACS, *in*: http://br.monografias.com/trabalhos/confissao-processo-penal/confissao-processo-penal.shtml).

[84] De acordo com a doutrina, para ser aceita a confissão tem que obedecer a certos requisitos (cf. Guilherme de Souza Nucci, *O valor da confissão como meio de prova no Processo Penal*,

art. 200.º, segundo o qual "A confissão será divisível e retratável, sem prejuízo do livre convencimento do juiz, fundado no exame das provas em conjunto."

"A confissão judicial livre, espontânea e não posta em dúvida por qualquer elemento dos autos pode levar à condenação do acusado" (MIRABETE, Julio Fabbrini. Processo Penal. 18. ed. São Paulo: Atlas, 2006, p. 288).

A confissão é divisível, podendo, conjugada com os demais elementos de prova, ser aceite apenas em parte, e é passível de retratação, ou seja, o arguido poderá posteriormente negar no todo a confissão, ou um segmento dela. Não obstante, tem uma especial força probatória, sendo que a retratação para ser atendida deve ter suporte probatório corroborante.

"A confissão pode ser retratada em juízo, mas para que seja aceita essa retratação é mister que, além de verosímil, encontre algum amparo

São Paulo: Revista dos Tribunais, 1999, pp. 153-155, mencionado na wikipedia): Requisitos intrínsecos: – verosimilhança: ou seja, a probabilidade do fato ter ocorrido como foi confessado, não sendo a declaração absurda e devendo conter uma sequência lógica da narrativa; – certeza: deve o réu confessar fatos que sejam do seu conhecimento e não dependam de comprovação por outras fontes; – persistência: a repetição da confissão, uma vez que quando o réu, de fato admitir sua culpa, narra a mesma versão tantas quantas forem às vezes em que foi ouvido. Porém deve-se tomar um cuidado nesse ponto. Exigir do réu a repetição do que foi dito, em determinadas condições, pode criar no acusado uma forma de tortura psicológica, levando-o a contradizer-se; – coincidência: deve haver coincidência com os demais elementos probatórios que estão no processo; – não deve ser levado em consideração uma confissão que vai exatamente de encontro a todas as demais provas colhidas durante a investigação; conteúdo relacionado ao confitente: a confissão deve ser relacionada à pessoa do réu, ele deve assumir a autoria. Quando o réu faz menção a terceiro, não deve ser considerada como confissão. Nesse caso pode servir como testemunho, ou delação, que também são meios de provas admitidas no processo. Requisitos extrínsecos: – pessoal: a confissão deve ser feita pela pessoa do réu. Não é admitindo a produção por defensor do mandatário, ainda que com poderes específicos para este ato, ou por mais amplos e ilimitados que sejam; – expressa e reduzida a termo: não existe a confissão tácita no ordenamento brasileiro, desta forma a confissão produzida oralmente, deve constar por termo no processo para que tenha validade; livre e espontânea: deve ser livre de coação ou erro; juiz competente: prestada diante do juiz competente para julgar a lide; produzida por pessoa capaz: o confidente deve possuir saúde mental e discernimento sobre o que está fazendo.

ainda que em elementos indiciários ou circunstanciais dos autos (RT, 393/345)"[85].

### 2.5.3 Itália

Em Itália é possível valorar declarações do arguido prestadas em fases anteriores ao julgamento, desde que verificados certos e determinados requisitos.

Assim, antes de mais, nos termos do artigo 64.º do Código de Processo Penal italiano (CPPI) só podem ser utilizadas as declarações prestadas pelo arguido em sede de interrogatório caso seja advertido da faculdade de não responder aos factos que lhe são imputados e de que, caso preste declarações, estas podem ser usadas contra si.

A este propósito escreve Carlo Tonnarelli[86], no "que se reporta ao valor probatório das declarações confessórias existe quem entenda que as mesmas podem ser suficientes para a sua condenação, desde que o juiz, ao abrigo do princípio da livre apreciação das provas, tendo em conta as circunstâncias objetivas e subjetivas da confissão e a sua logicidade, acreditar nas mesmas. Outros entendem que as declarações, mesmo que confessórias, exigem evidências que confirmem a veracidade, autenticidade e fiabilidade das mesmas".

A confissão é divisível e pode ser retratada.

Como escreve aquele mesmo Autor, as declarações podem ser lidas em julgamento nos termos do artigo 513.º[87], ou seja, nos casos em que o

---

[85] Rômulo de Andrade Moreira, já citado.
[86] Corte di Appello di Ancona, Ufficio dei magistrati referenti perl a formazione decentarta, *in*: www.appinter.csm.it/incontri/relaz/10906.pdf.
[87] Art. 513. Lettura delle dichiarazioni rese dall'imputato nel corso delle indagini preliminari o nell'udienza preliminare.
1. Il giudice, se l'imputato è contumace o assente ovvero rifiuta di sottoporsi all'esame, dispone, a richiesta di parte, che sia data lettura dei verbali delle dichiarazioni rese dall'imputato al pubblico ministero o alla polizia giudiziaria su delega del pubblico ministero o al giudice nel corso delle indagini preliminari o nell'udienza preliminare, ma tali dichiarazioni non possono essere utilizzate nei confronti di altri senza il loro consenso salvo che ricorrano i presupposti di cui all'articolo 500, comma 4.
2. Se le dichiarazioni sono state rese dalle persone indicate nell'articolo 210, comma 1, il giudice, a richiesta di parte, dispone, secondo i casi, l'accompagnamento coattivo del

arguido se recusa a submeter ao "exame" (*esame delle parti private* prevista no artigo 503.º[88]). De igual modo se tem entendido que mesmo que o arguido se submeta ao exame e repetidamente faça uso do direito a permanecer calado, recusando a responder a determinadas perguntas relativas a questões individuais ou algumas delas, podem ser lidas declarações anteriores ao abrigo do artigo 513.º.

Cabe salientar que a lei italiana prevê o valor probatório da leitura de declarações anteriormente prestadas pelo arguido, no que se refere a factos incriminatórios de co-arguido, referindo o artigo 513.º/1 que não

---

dichiarante o l'esame a domicilio o la rogatoria internazionale ovvero l'esame in altro modo previsto dalla legge con le garanzie del contraddittorio. Se non è possibile ottenere la presenza del dichiarante, ovvero procedere all'esame in uno dei modi suddetti, si applica la disposizione dell'articolo 512 qualora la impossibilità dipenda da fatti o circostanze imprevedibili al momento delle dichiarazioni. Qualora il dichiarante si avvalga della facoltà di non rispondere, il giudice dispone la lettura dei verbali contenenti le suddette dichiarazioni soltanto con l'accordo delle parti.
3. Se le dichiarazioni di cui ai commi 1 e 2 del presente articolo sono state assunte ai sensi dell'articolo 392, si applicano le disposizioni di cui all'articolo 511.

[88] Art. 503 ( Esame delle parti private ) – 1. Il presidente dispone l'esame delle parti che ne abbiano fatto richiesta o che vi abbiano consentito, secondo il seguente ordine: parte civile, responsabile civile, persona civilmente obbligata per la pena pecuniaria e imputato.
2. L'esame si svolge nei modi previsti dagli artt. 498 e 499. Ha inizio con le domande del difensore o del pubblico ministero che l'ha chiesto e prosegue con le domande, secondo i casi, del pubblico ministero e dei difensori della parte civile, del responsabile civile, della persona civilmente obbligata per la pena pecuniaria, del coimputato e dell'imputato. Quindi, chi ha iniziato l'esame può rivolgere nuove domande.
3. Fermi i divieti di lettura e di allegazione, il pubblico ministero e i difensori, per contestare in tutto o in parte il contenuto della deposizione, possono servirsi delle dichiarazioni precedentemente rese dalla parte esaminata e contenute nel fascicolo del pubblico ministero. Tale facoltà può essere esercitata solo se sui fatti e sulle circostanze da contestare la parte abbia già deposto.
4. Si applica la disposizione dell'art. 500 comma 2.
5. Le dichiarazioni alle quali il difensore aveva diritto di assistere assunte dal pubblico ministero o dalla polizia giudiziaria su delega del pubblico ministero sono acquisite nel fascicolo per il dibattimento, se sono state utilizzate per le contestazioni previste dal comma 3.
6. La disposizione prevista dal comma 5 si applica anche per le dichiarazioni rese a norma degli artt. 294, 299, comma 3 ter, 391 e 422.

podem ser utilizados contra este exceto se este der o seu consentimento, ou se verifique o previsto no artigo 500.º/4, ou seja, quando o arguido que proferiu as declarações incriminatórias está a ser submetido a violência, ameaças, ofertas ou promessas de dinheiro ou outros benefícios para não depor ou prestar declarações falsas.

### 2.5.4 França

Nos termos do artigo 116.º do Código de Processo Penal francês (CPPF), em interrogatório o investigado tem direito ao silêncio e deverá ser informado sobre tal faculdade, sendo que nos termos do artigo 116.º/1 deverá ser objeto de uma gravação audiovisual (caso exista uma impossibilidade técnica que impeça a gravação, deve ficar a constar em ata do interrogatório a natureza dessa impossibilidade).

Igualmente em audiência de julgamento, o acusado tem direito a não manifestar opinião sobre a sua culpabilidade, nos termos do artigo 328.º

A confissão – *l'aveu* – , é aceite como um meio de prova, sujeita à livre apreciação dos juízes, nos termos do artigo 428.º do CPPF. Assim, a confissão obtida no decurso da investigação poderá ser utilizada, embora não tenha valor absoluto. Fica ao critério dos juízes a sua valoração, sendo que a confissão deve ser livre, é divisível, pode ser resultado de um interrogatório ou vários e, como se disse, não é absoluta.[89] Portanto, a confissão não dispensa os juízes de procurar outros elementos de convicção. O arguido, contudo, pode retratar-se da confissão anterior feita até o findar da audiência de julgamento, retratação esta que também fica sujeita à livre apreciação do juiz.[90]

No entanto, em França criou-se um mecanismo, para determinados crimes, em que se atribui relevância específica à confissão do arguido antes da fase de julgamento, denominado *reconnaissance préalable de culpabilité*, também denominado *plaider coupable*, introduzido no CPPF, por lei de 9 de Março de 2004, tentando adaptar o sistema judiciário francês

---

[89] V. www.opgie.com/cours/procedure_penale/les_preuves_en_matiere_de_repression.html
[90] V. www.memoire.online

à evolução da criminalidade, chamada de "Loi Perben II", visando-se evitar a realização de audiência de julgamento quando existe acordo sobre certos pontos[91].

## 2.6 Transmissibilidade de prova – inovação?

O sistema processual penal português já admite várias situações de aproveitamento da prova obtida durante o inquérito ou instrução em audiência de julgamento.

Consequentemente, pode dizer-se que o princípio da imediação não é absoluto, mas antes tendencial. Apesar de a convicção do tribunal apenas poder fundar-se na prova produzida ou examinada em audiência, nos termos do artigo 355.º/1 do CPP, devidamente sujeita ao princípio do contraditório, nos termos do artigo 327.º/2 do CPP, a lei de processo prevê diversas exceções, dando expressão à necessidade, presente em todo o código de processo penal, de compatibilizar os diferentes fins do processo.

E justamente o legislador admite que existe um conjunto de prova pré-constituída quando se inicia o julgamento e que é aproveitável nesta, sendo que a imediação aqui não se fará pela produção da prova em audiência, mas sim pelo seu exame.

E casos existem em que nem sequer se exige o seu exame em audiência, como sucede com os documentos existentes nos autos, cuja consulta permite suficientemente o exercício do contraditório, sem violar as garantias de defesa do arguido.[92]

Outros casos de prova produzida em fases anteriores ao julgamento e que podem migrar e ser ali aproveitadas, serão os reconhecimentos, as reconstituições de facto, prova pericial, etc., designadamente situa-

---

[91] V., dos vários sites que se debruçam sobre o tema: www.justice.gouv.fr/justice-penale11330/comparution-sur-reconnaissance-prealable-de-culpabilite20934.html, www.cdpf.u-strsbg.fr/plaider-coupable.htm, www.vie-publique.fr/documents-vp/circulaire_plaider_coupable.pdf.

[92] Existindo jurisprudência que estende esta interpretação a todas as situações do artigo 356.º do CPP, considerando que é permitida a leitura em audiência, mas não é necessário que assim suceda para ser valorada, já que consta dos autos e portanto está assegurado o contraditório, nomeadamente se indicada na acusação.

ções em que a prova deverá ser produzida em fases anteriores por razões de eficácia, mas servindo, também como elementos probatórios, para acusar ou arquivar, pronunciar ou não pronunciar.

De igual modo, existe um conjunto de declarações que, embora não produzidas em audiência de julgamento, podem ser valoradas, não obstante terem sido produzidas anteriormente, e que estão elencadas nos artigos 356.º e 357.º do CPP: (I) a leitura de declarações para memória futura tomadas nos termos dos artigos 271.º e 294.º do CPP; (II) a leitura de declarações do assistente, das partes civis e de testemunhas, prestadas perante um juiz, se tiverem sido obtidas mediante rogatória ou precatórias legalmente permitidas ou o Ministério Público, o arguido e o assistente estiverem de acordo na sua leitura; (III) a leitura de declarações do assistente, das partes civis e de testemunhas, anteriormente prestadas perante o juiz na parte necessária ao avivamento da memória de quem declarar na audiência que já não recorda certos factos ou quando houver, entre elas e as feitas em audiência, contradições ou discrepâncias; (IV) a leitura de declarações prestadas perante o juiz ou o MP se os declarantes não tiverem podido comparecer por falecimento, anomalia psíquica superveniente ou impossibilidade duradoira; (V) a leitura de declarações do assistente, das partes civis e de testemunhas, prestadas perante o MP ou OPC, se o MP, o arguido e o assistente estiverem de acordo na sua leitura; (V) a leitura de declarações do arguido prestadas perante qualquer entidade, a sua solicitação, ou caso fale em audiência e existam contradições ou discrepâncias com as anteriormente prestadas; (VI) a tomada de declarações no domicílio do assistente, parte civil, testemunha, perito ou consultor técnico, impossibilitados de comparecer em audiência, nos termos do artigo 319.º do CPP; (VII) a tomada de declarações do assistente, parte civil, testemunha, perito ou consultor técnico, em caso de urgência ou cuja demora possa acarretar perigo para a aquisição, ou a conservação da prova ou para a descoberta da verdade, nos termos do artigo 320.º do CPP e VIII) a tomada de declarações do assistente, parte civil, testemunha, perito ou consultor técnico, reduzidas a auto, na impossibilidade de videoconferência, no caso dessas pessoas residirem fora do círculo judicial, não houver razões para crer que a sua presença em audiência é essencial à descoberta da verdade e forem previsíveis graves dificuldades ou inconvenientes, funcionais ou pessoais, na sua deslocação, nos termos do artigo 318.º do CPP.

Para além destas, também a lei de proteção de testemunhas admite que se prestem declarações para memória futura, que podem ser utilizadas em julgamento.

Conclui-se que a transmissão de provas não é algo de inovador e que o princípio da imediação não é absoluto no nosso sistema legal, o que abre caminho, a que se equacionem novas transmissões de prova, depois de devidamente ponderados todos os valores em jogo, para que se logre a punição dos criminosos e a pacificação social, respeitando-se as garantias de defesa do arguido.

## 2. 7 A possibilidade de ampliação legal dos casos de valoração das anteriores declarações do arguido à luz dos princípios estruturantes do processo penal, comummente invocados

2.7.1 Conforme fomos adiantando, a questão que nos ocupa é a de saber se a valoração em julgamento das declarações prestadas em anteriores fases do processo por arguido que em audiência se remete ao silêncio ou está ausente, se revela uma limitação intolerável e inadmissível ao princípio da imediação e da oralidade, dignidade do arguido, direito ao silêncio e garantias de defesa do arguido, consagradas constitucionalmente.

Ou se pelo contrário, verificados determinados pressupostos e condicionalismos, é admissível ou mesmo se revela necessário e se impõe, para prosseguir fins do processo penal, como seja, ditar a justiça no caso concreto, descobrir a verdade material, punir os criminosos, responder aos anseios da comunidade e da vítima em verem punidos os agentes dos crimes, assim se logrando a pacificação social.

Começando pelos princípios da imediação e da oralidade, estes traduzem a regra geral de que a prova produzida presencialmente e oralmente em audiência, em contacto direto com o julgador permitirá uma melhor apreensão da prova e a descoberta da verdade material, o que assume expressão positiva no artigo 355.º/1 do CPP. Todavia, o legislador não o impõe em todos os casos, pois prevê limitações aos princípios da imediação e da oralidade que considera toleráveis em função das finalidades do processo penal, ao admitir o aproveitamento de prova produzida em fases processuais anteriores ao julgamento em diversas situações, nos artigos 355.º/2, 356.º e 357.º do CPP.

Tal permite concluir que, por este prisma, não estamos perante um obstáculo intransponível à valoração de anteriores declarações do arguido que está ausente ou se remete ao silêncio.

**2.7.2** Também o direito ao silêncio do arguido é comummente invocado como óbice a qualquer alteração legal nesta matéria, considerando-se que aquele sairá irremediavelmente violado se este não prestar declarações em audiência ou se for julgado na sua ausência.

A este propósito, dispõe o artigo 61.º/1/d do CPP que o arguido tem o direito a "Não responder a perguntas feitas, por qualquer entidade, sobre os factos que lhe forem imputados e sobre o conteúdo das declarações que acerca deles prestar". Este direito do arguido advém do seu direito a não se auto incriminar: *nemo tenetur ipsum se accusare.*

Contudo, estamos em crer que tal entendimento radica numa leitura errada do direito ao silêncio. Este consiste na faculdade que o arguido tem em se calar, sem que essa opção possa, por si, ser considerada um comportamento concludente no sentido de que é culpado. Mas também é pacífico que o silêncio poderá prejudicar objetivamente a situação do arguido caso não apresente a sua versão dos acontecimentos e a demais prova for no sentido da sua culpabilidade.

E mesmo no quadro legal atual essa prova poderá ser transmitida de fases anteriores ao julgamento, como seja nos casos do artigo 356.º do CPP (ou, numa possibilidade mais académica, nos termos do artigo 357.º/1/a do CPP, caso se remeta ao silêncio, mas solicite a leitura de declarações anteriores, como vimos).

Por outro lado, o direito ao silêncio não tem que ser estanque. Este direito vale para todas as fases processuais e, portanto, se o arguido em determinado momento abdica dele produzindo declarações incriminatórias, por sua livre vontade, não deriva do direito ao silêncio que aquela sua opção por falar deva ser retroativamente invalidada só porque em fase ulterior decide não o fazer. Por maioria de razão deve entender-se assim nos casos em que o arguido é julgado na ausência, renunciando ao seu direito de presença em audiência, sendo que neste caso não exerce sequer o seu direito ao silêncio em sede de julgamento.

JULGAMENTO

Entende-se, contudo – quase diríamos, obviamente –, que o arguido deverá ser advertido expressamente que todas as declarações que prestar poderão ser valoradas em julgamento contra si (ou a seu favor)[93]. Se em face desta advertência (e demais requisitos a impor) o arguido, enquanto sujeito processual autónomo e responsável, sabendo que tem direito a não responder, opta por fazê-lo, não é, realmente, fácil de compreender as razões para desconsiderar aquelas mesmas declarações.

Usando as palavras de Figueiredo Dias, trata-se de uma verdadeira expressão da personalidade do arguido (*Direito Processual Penal*, Reimpressão, 2004, p. 430), em que este livremente presta declarações que sabe poderem ser utilizadas no futuro como meio de prova, numa diligência em que é salvaguardado o contraditório, por um juiz independente, e com respeito de todas as liberdades individuais do arguido e de todos os seus direitos, que lhe são expressamente informados, e que este, enquanto sujeito autónomo do processo decide, ou não, usar. Ou seja, este, autonomamente, enquanto sujeito do processo penal, acaba por influenciar esse mesmo processo, conformá-lo e desenvolvê-lo de uma maneira totalmente informada, salvaguardadas todas as suas garantias de defesa, sendo certo que as suas declarações pacificamente são entendidas na dupla vertente de meio de defesa e de prova.

**2.7.3** Coloca-se ainda a este propósito a questão do respeito pelo princípio do contraditório. Atualmente, porém, aquele princípio mostra-se claramente salvaguardado com as alterações introduzidas em sede de primeiro interrogatório judicial, cujas regras são extensíveis a outras fases nos termos do artigo 144º do CPP. Os factos concretamente impu-

---

[93] É o que se faz por exemplo no sistema italiano. Aliás, como é sabido, nos E.U.A, desde o chamado caso Miranda que essa advertência passou a ser obrigatória e que se tornou conhecida pelos filmes norte-americanos com uma fórmula que poderá ser "You have the right to remain silent. If you give up that right, anything you say can and will be used against you in a court of law. You have the right to an attorney and to have an attorney present during questioning. If you cannot afford an attorney, one will be provided to you at no cost. During any questioning, you may decide at any time to exercise these rights, not answer any questions, or make any statements."

tados ao arguido são-lhe expressamente comunicados, sendo certo que se mantém a obrigatoriedade de assistência de defensor.

Ademais, não está vedado ao arguido que, em audiência pública e contraditória, procure contrariar, explicar ou simplesmente contextualizar as declarações anteriormente prestadas.

**2.7.4** No que respeita à forma de registo das declarações do arguido que se remete ao silêncio ou que é julgado na sua ausência, para que possam ser valoradas em audiência, não há uma opinião única entre nós.

Todos concordam, porém, em que a gravação áudio visual satisfaz melhor as exigências correlativas do princípio da livre apreciação da prova, ao permitir uma maior relação de proximidade e uma melhor perceção sobre o contexto em que foram prestadas as declarações e o seu real significado, por parte do tribunal de julgamento, sobre o qual impende o poder-dever de decidir sem dúvidas sobre a culpabilidade do arguido. Realizada a gravação desta forma, parece-nos que só uma perspetiva exacerbada da imediação e oralidade poderá afirmar que ainda assim estes princípios seriam violados. As diferenças de opinião verificam-se não a respeito do princípio segundo o qual as declarações devem ser objeto de gravação áudio visual, mas na aceitação do registo escrito ou meramente áudio quando a gravação áudio visual não for possível, mantendo-se neste caso a possibilidade legal de valoração dessas declarações.

Num entendimento, deve impor-se que as declarações sejam objeto de gravação áudio visual em qualquer caso, sob pena de não puderem ser valoradas se o arguido se remeter ao silêncio ou for julgado na sua ausência, dada a imprescindibilidade da gravação áudio visual para que o tribunal de julgamento possa ter a real perceção sobre o contexto e alcance daquelas mesmas declarações.

Noutro entendimento, se não for possível aquela gravação, deve constar do auto o motivo da impossibilidade, sob pena de nulidade. Consignada esta justificação, as declarações reduzidas a escrito ou objeto de gravação áudio, são livremente valoradas pelo tribunal de julgamento nos mesmos termos das declarações objeto de gravação áudio visual.

**2.7.5** Acompanhamos, assim as propostas que vão no sentido da valoração em audiência de declarações anteriores do arguido, mesmo que se mantenha em silêncio ou se for julgado na sua ausência, desde que sejam prestadas na presença do seu defensor perante juiz, depois de expressamente advertido de que as declarações poderão incriminá-lo na fase de julgamento e desde que, pelo menos em regra, as declarações sejam gravadas e filmadas. O efeito legalmente reconhecido às suas declarações no caso de a audiência ter lugar na sua ausência, deve mesmo passar a integrar as advertências a fazer ao arguido aquando da prestação de termo de identidade e residência.

Respeitados estes requisitos, a valoração das declarações do arguido não constitui qualquer ofensa à sua dignidade humana ou integridade moral, perturbação da sua liberdade de vontade e decisão, da sua capacidade de avaliação ou da lealdade processual, do mesmo modo que não se configura como um meio de prova cruel ou enganoso, pelo que passará a constituir meio de prova adquirido para todo o processo.

**2.7.6** O não cumprimento de algum dos requisitos deverá ser sancionado como uma verdadeira proibição de prova, não podendo ser utilizadas as declarações do arguido em audiência.

**2.8** Quanto ao alcance das declarações valoráveis do arguido, discutimos ainda a eventual exigência de provas corroboratórias, à imagem do que prevê o art. 19º/2 da Lei de Proteção de Testemunhas nos casos de ocultação de identidade, no sentido de que "a condenação não pode fundar-se exclusivamente, e de modo decisivo, nessas declarações".

A este respeito, considerámos não ser de impor norma daquela natureza sempre que o arguido se encontre presente. Atentos os requisitos exigidos para a utilizibilidade das declarações e a possibilidade que o arguido presente tem de infirmar ou complementar anteriores declarações auto incriminatórias, não se vê motivo para diferenciar essas declarações das que o mesmo preste em audiência. Nesse caso, deverá vigorar plenamente o princípio da livre apreciação da prova.

Na hipótese do arguido ser julgado na sua ausência as os entendimentos não são uniformes.

Num entendimento, a solução será a mesma, porquanto a audiência na ausência do arguido apenas tem lugar se o arguido dever considerar-se notificado da sua realização. Sendo assim, é imputável ao arguido a não comparência, apesar de devidamente advertido aquando da prestação de termo de identidade e residência, pelo que não se justifica que o mesmo não possa ser condenado exclusivamente com base em declarações prestadas anteriormente e de cuja relevância foi necessariamente advertido. Regra legal impeditiva da condenação do arguido nestes casos, poderia mesmo motivá-lo a não comparecer em julgamento como forma de evitar aquela condenação.

Em sentido diverso, pode invocar-se que o arguido pode ser julgado sem conhecimento efetivo da realização da audiência, dado (grosso modo) o regime do termo de identidade e residência, pelo que a condenação exclusivamente com base em declarações que não tem a possibilidade efetiva de desdizer ou complementar parece ser consequência demasiado severa. Neste entendimento, aditar-se-ia, pois, norma equivalente à prevista no artigo 19º/2 da L 93/99, embora limitada aos casos de ausência do arguido.

## 2.9 Conclusões

Conclui-se assim ser de propor a possibilidade de aproveitamento em audiência das declarações do arguido anteriormente prestadas, mesmo que se remeta ao silêncio ou esteja ausente, quando se verifiquem cumulativamente os seguintes requisitos:

(I) Terem sido prestadas perante juiz, na presença do seu defensor;

(II) O arguido tiver sido advertido de que as suas declarações podem ser usadas em audiência de julgamento mesmo que se remeta ao silêncio ou esteja ausente;

(III) As declarações tiverem sido gravadas em áudio e vídeo, pelo menos em regra;

(IV) O arguido tiver sido informado por escrito, aquando da prestação de termo de identidade e residência, do efeito legalmente reconhecido às suas declarações no caso de a audiência ter lugar na sua ausência.

O não respeito por tais requisitos terá como consequência a impossibilidade de utilização de tais declarações (proibição de prova).

## 3. Outras sugestões pontuais de alteração: estabelecimento de outros prazos de duração máxima e efetividade da limitação do número de testemunhas

**3.1** Não obstante o seu cumprimento ser assegurado muitas vezes através de atos despidos de verdadeiro interesse para o processo, o que provoca natural mal estar no tribunal e na generalidade dos demais intervenientes processuais, afigura-se ser de manter a regra do art. 328º/6 do CPP, de acordo com a qual perde eficácia a prova realizada se não for possível retomar a audiência adiada em 30 dias, como forma de dar consistência ao princípio da continuidade e concentração da audiência e de evitar o seu protelamento.

Colocou-se a hipótese de estabelecimento de outros prazos de duração máxima, inultrapassáveis, na fase de julgamento, nomeadamente estabelecendo um prazo regra, prazos especiais e prazos excecionais, para a deliberação do tribunal[94].

**3.2** Discutiu-se ainda a necessidade de dar efetividade e operacionalidade à limitação do número de testemunhas já prevista nos artigos 283.º/3/d/7, 315.º/4 e 316.º/1, todos do CPP, à luz do princípio da diferenciação que temos vindo a falar.

Uma boa forma de o fazer, consistiria em atribuir ao juiz presidente poderes para decidir, sem recurso, do número total de testemunhas a ouvir, incluindo a eventual ultrapassagem do limite legal de 20 testemunhas, em diligência de planificação da audiência, prévia ao seu início, com a participação ativa dos sujeitos processuais intervenientes no julgamento, que poderiam pronunciar-se igualmente sobre outros aspectos relativos ao desenvolvimento da audiência, designada-

---

[94] Por exemplo: – prazo regra: deliberar logo após o encerramento da discussão e proferir de seguida a decisão (ou no prazo máximo atualmente previsto de 10 dias – artigo 373º CPP); – prazo especial em função da gravidade dos crimes investigados: deliberar no prazo máximo de 10 dias, proferindo a decisão final no máximo de 1 mês; – prazo excecional em função da gravidade do crime e da excecional complexidade do processo: deliberar no prazo máximo de 1 mês, com prolação da decisão final no prazo máximo de 2 meses. Do mesmo modo, seria útil fixar prazos para a fase de recurso, os quais se poderiam orientar pelos acima indicados para a fase de julgamento e da deliberação.

mente o número de sessões previsíveis e a prova a produzir em cada uma delas.

Permitir-se-ia, assim, a participação de todos os interessados na decisão de aspetos práticos da maior importância para o bom andamento da audiência, incluindo o número de testemunhas a ouvir em concreto, de forma expedita, sem deixar o interesse público subjacente ao princípio da decisão em tempo razoável refém de lógicas e interesses de sentido contrário aos legalmente protegidos e mesmo ao bom princípio que fundamenta o direito consagrado ou o dever estabelecido. É disto exemplo o que até 2000 sucedeu com o direito/dever de o arguido estar presente em audiência desde o seu início, que originou adiamentos sucessivos durante anos.

# VI
## Recursos (algumas questões)

Embora sem o desejável aprofundamento, iniciou-se uma discussão sobre medidas que pudessem contribuir de forma mais direta para eliminar ou diminuir o fenómeno, rejeitado por todos, de protelamento do processo através de sucessivos recursos como forma de lograr a prescrição do procedimento criminal e obviar ao trânsito em julgado de decisões condenatórias, nomeadamente em casos graves de criminalidade complexa ou envolvendo pessoas de elevado estatuto económico e social.

Em boa verdade, porém, não é apenas em função da possibilidade de serem interpostos sucessivos recursos que pode verificar-se o protelamento abusivo da decisão definitiva, nomeadamente de decisão condenatória em pena privativa da liberdade por crimes graves. Também as normas reguladoras do seu julgamento, podem dar azo ao aumento injustificado do tempo total de duração do processo, ao levarem a sucessivas subidas e descidas dos processos entre o tribunal recorrido e o tribunal de recurso.

Assim, para além da hipótese mais óbvia de alteração do efeito do recurso para o tribunal constitucional em certos casos, considera-se que devem ser introduzidas alterações em três outros domínios: arguição e julgamento das nulidades de sentença, âmbito de aplicação do artigo 410º/2 do CPP e respetivo conhecimento e proibições de prova.

## 1. Efeito do recurso para o tribunal constitucional, no âmbito da fiscalização concreta da constitucionalidade

Encara-se a tal propósito a hipótese de alteração do efeito do recurso para o Tribunal Constitucional, o qual passaria a não ter efeito suspensivo da decisão recorrida quando esta tiver sido proferida por tribunal superior na sequência de decisão ou decisões anteriores igualmente condenatórias.

Não obstante o peso que tem entre nós o princípio da presunção de inocência até decisão definitiva sobre a culpabilidade, considerámos que valerá aqui o pensamento subjacente à chamada dupla conforme. Se pelo menos dois tribunais declararam a culpa do arguido, confirmando a sua condenação por crime grave, nomeadamente em pena privativa da liberdade, é comunitariamente aceitável que o recurso de constitucionalidade não impeça que o arguido deva iniciar o cumprimento de pena. Visa-se, assumidamente, evitar que por via da sucessão de recursos se protele excessivamente o início da execução da pena e mesmo a certeza do seu cumprimento. Certeza da pena e proximidade entre aquela e os factos, fatores que segundo o ensinamento iluminista têm maior efeito preventivo que a medida das penas, o que, para muitos, continua ser plenamente válido nos dias de hoje.

No caso de procedência do recurso interposto para o Tribunal Constitucional, de que resulte ter o arguido pena em excesso, assegurar-se-ia sempre o seu direito a ser indemnizado pelo Estado, por não vislumbrarmos forma melhor de compensar o arguido pelo sacrifico da sua liberdade em favor do interesse público na prossecução dos fins das penas, embora acreditemos que tal se verificaria apenas em número residual de casos.

## 2. Nulidades de sentença – aspetos de regime

A este respeito, pensa-se, sobretudo, em dois tipos de situações.

**2.1** Por um lado, nos casos em que o vício gerador de nulidade (ou efeito equivalente), total ou parcial, da decisão final recorrida poderia ser conhecido e eventualmente reparado no tribunal recorrido, evitando assim que o recurso suba ao tribunal superior, nomeadamente quando se trate de vício manifesto que o tribunal *a quo* não deixará de reparar ao ser confrontado com a sua verificação e com o dever legal de o fazer.

Não se pretende coartar a possibilidade do sujeito afetado pela alteração ou pela manutenção da decisão insistir na via do recurso face ao resultado prático da atividade do juiz, pois o recurso sempre subiria para a sua apreciação, como sucede atualmente se o tribunal a *quo* usar da faculdade de reparar a decisão, prevista no nº2 do artigo 379º do CPP. O que se pretende é que o artigo 379º/2 do CPP deixe de prever uma mera faculdade à disposição do tribunal *a quo*, que, por razões várias, é raramente utilizada, para passar a impô-lo, afirmando uma opção da lei em função das virtualidades que a possibilidade de sanação do vício apresenta, virtualidades que estiveram na base da sua introdução pela L 59/98 de 25.8, conforme pode ler-se no respetivo preâmbulo.

Não nos parece que proceda a objeção de que assim sai violado o princípio do esgotamento imediato do poder jurisdicional do tribunal, pois não se trata de alterar o sentido do seu julgamento sobre o objeto da causa. Trata-se, antes, da reparação de vício de forma da decisão por quem a proferiu, o que constitui, aliás, o regime regra das nulidades.

Mesmo que o recurso deva subir para apreciação de outros fundamentos, o conhecimento obrigatório do vício pelo tribunal recorrido sempre evita a baixa do processo com vista à sua reparação para logo voltar a subir para que o tribunal de recurso conheça então das restantes questões. A perda de tempo que este movimento do processo entre instâncias representa é significativamente aumentada sempre que problemas de secretaria levam a que o processo fique retido num dos tribunais mais tempo do que o normalmente necessário e que, frequentemente, se revela superior ao tempo despendido com as decisões respetivas.

**2.2** Outro tipo de situações, muitas vezes relacionadas com as anteriores, tem que ver com a circunstância de o tribunal de recurso apenas conhecer das questões relativas a vícios de forma da decisão recorrida, mesmo que não se estabeleça uma relação de estrita precedência ou prejudicialidade entre o vício de forma inicialmente decidido e as demais questões colocadas no recurso, designadamente as questões de mérito. Na verdade, independentemente de por via interpretativa ser ou não preferível outro entendimento, em muitos casos de procedência da nulidade invocada, o processo é logo remetido ao tribunal recorrido para reparar o vício e só depois de interposto novo recurso, onde invariavelmente são reeditados os fundamentos do anterior, o recurso volta ao tribunal superior para que, feita nova distribuição, conheça das questões restantes.

A alteração que ponderámos consiste em passar a constar do CPP norma expressa que institua a obrigatoriedade de o tribunal de recurso conhecer e decidir de todas as questões suscitadas, mesmo que haja anulação da sentença, à imagem do que sucede com o artigo 715º do CPC. Diminui-se desse modo o número de casos em que será interposto novo recurso, restringe-se drasticamente o leque argumentativo de um futuro novo recuso e rentabiliza-se de forma mais coerente o trabalho do tribunal de recurso, pois a nova distribuição do processo obriga a que outros juízes tenham que conhecê-lo e prepará-lo a partir do zero, ao mesmo tempo que se perde boa parte do trabalho dos anteriores juízes.

**2.3** Os inconvenientes apontados podem ser exponencialmente aumentados com a possibilidade de conhecimento oficioso das nulidades de sentença, entendimento que embora não seja unânime corresponde, ao que cremos, à posição claramente maioritária na jurisprudência, nomeadamente no STJ[95], e, por isso, com reflexos significativos no conjunto dos recursos.

Na verdade, independentemente de qual seja a posição correta em face do direito constituído, merece ser discutida em futura reforma se os vícios da sentença devem ser oficiosamente conhecidos pelo tribunal de recurso ou se devem considerar-se sanados caso não sejam invocados pelo recorrente.

### 3. O artigo 410º/2 do CPP

O inconveniente que pode ser apontado ao atual regime das nulidades de sentença de proporcionar a movimentação sucessiva de processos entre o tribunal recorrido e o tribunal de recurso verifica-se igualmente a propósito dos vícios previstos no artigo 410º/2 do CPP, pois as mais

---

[95] V., o tratamento atualizado da questão em Vinício Ribeiro, *Código de Processo Penal. Notas e Comentários*, Coimbra: Coimbra Editora, 2011, em anotação ao artigo 379º.

das vezes aqueles vícios não permitem ao tribunal de recurso decidir da causa – cf. artigo 426º/1 do CPP.

**3.1** A primeira questão que se coloca a esse respeito, atualmente, é a de saber se faz sentido manter-se o artigo 410º/2 quando esteja em causa recurso para a Relação, uma vez que as Relações passam a conhecer, em regra, de matéria de facto com amplos poderes de cognição, sendo certo que o artigo 410º/2 foi pensado para o recurso de revista. Este constituía uma válvula de escape do sistema quando se previa um único grau de recurso e não era possível impugnar a decisão proferida sobre a matéria de facto.

Ora, na perspetiva de economia e celeridade processual em que nos colocamos, parece não fazer sentido que possa ter lugar a apreciação de vícios resultantes do texto da decisão (*grosso modo*), independentemente da decisão sobre eventuais erros de julgamento em matéria de facto com base na reapreciação da prova gravada em audiência. Parece-nos, pois, que deve eliminar-se o artigo 410º/2 nos recursos para a Relação, pois no essencial as situações neles abrangidas podem ser absorvidas pelo regime da impugnação da decisão proferida sobre a matéria de facto, nos termos do artigo 412º/3 do CPP.

**3.2** Discutiu-se igualmente, em termos similares ao que se verificou quanto ao conhecimento oficioso das nulidades de sentença, se os vícios previstos no art. 410º/2 do CPP devem deixar de ser conhecidos oficiosamente, exigindo-se a sua invocação pelo recorrente, mesmo que o artigo 410º/2 venha a ser aplicável apenas aos recursos interpostos para o STJ.

As dúvidas sobre o regime do conhecimento daqueles vícios não é nova e em termos de direito constituído deu mesmo origem a divergências na jurisprudência, que levaram a fixação de jurisprudência pelo acórdão do STJ 7/95 de 19.10 no sentido de o tribunal de recurso dever conhecer oficiosamente dos vícios indicados no art. 410º/2 do CPP.

A reflexão sobre a questão assenta em boa parte na forma como se entende que o princípio da investigação deve contar nesta matéria e sobre ela não nos foi possível ir mais além na discussão de eventuais sugestões a fazer nesta matéria.

## 4. Proibições de prova

Por fim, no presente contexto não podemos deixar de fazer uma referência, ainda que muito breve, às proibições de prova, pois estão na origem de grande número de decisões que levam à inutilização do processo numa fase adiantada[96], designadamente em casos de criminalidade complexa ou envolvendo pessoas de elevado estatuto económico e/ou social, com reflexos cada vez mais evidentes na saúde e imagem da administração da justiça.

Os problemas suscitados pelas proibições de prova estão razoavelmente diagnosticados na doutrina e jurisprudência, que já vão sendo abundantes sobre o tema também entre nós.

No entanto, independentemente da avaliação da opção de introduzir aquela figura na CRP e no CPP de 1987 sem uma mais alargada maturação sobre os seus fundamentos e teleologia, contornos e regime, parece inquestionável que o quadro atual impõe uma clarificação legislativa das proibições de prova, em toda a linha. Parafraseando o Prof. Costa Andrade[97], diríamos que uma futura reforma do processo penal não pode deixar de lado um verdadeiro e consistente ordenamento das proibições de prova.

Independentemente do bem ou mal fundado de todas elas, a verdade é que relativamente às proibições de prova suscitaram-se e suscitam-se divergências sobre praticamente todos os aspetos que lhe respeitam. A sua autonomização face às nulidades, o multifacetado problema da maior ou menor amplitude dos seus efeitos e respetiva base legal, as dificuldades de caraterização como proibição de prova ou nulidade de muitas das invalidades previstas no CPP, para além dos problemas suscitadas pelos chamados métodos ocultos de investigação, encerram problemas cuja complexidade e diversidade de soluções, na

---

[96] O que, nesta perspetiva, veio a agravar-se com a possibilidade, introduzida pela L 48/2007, de o recurso extraordinário de revisão se fundar na descoberta de que serviram de base à condenação provas proibidas nos termos dos nºs 1 a 3 do artigo 126º do CPP.
[97] V., Costa Andrade (n. 66), p. 318 e ss. (§ 15. Proibições de prova) e nº 3950 p. 277 e ss. (§ 14. Métodos ocultos de investigação), estudo que condensa em boa medida o que deve ser o objeto de uma futura reforma sobre o tema e as razões, nomeadamente de ordem prático-jurídica, que a tornam incontornável.

doutrina e na jurisprudência, não permitem já solução que não passe pela dita clarificação legislativa. Clarificação que é tão mais importante quanto a questão da validade e possibilidade de utilização das provas se coloca como problema central da investigação criminal, da dedução da acusação e sua sustentação e da base de facto da decisão judicial, ou seja, desde o início do processo até à última *instância* de recurso, momento em que pode ainda ser julgada inválida prova admitida no inquérito mediante autorização do JIC, se o tribunal de recurso considerar que, não obstante tal decisão, se trata de prova proibida.

# VII
# A defesa oficiosa em Processo Penal
# Exploração das hipóteses de alteração do regime legal

## 1. Introdução
**1.1** A defesa do arguido em processo penal é um fator estruturante do Estado de direito democrático e da forma como nele se asseguram os direitos, liberdades e garantias pessoais[98]. Num sistema penal respeitador dos direitos humanos a defesa efetiva de quem é acusado e sujeito a julgamento constitui um direito fundamental que o Estado deve assegurar, mesmo que o arguido abdique de se defender, seja por razões económicas seja por opção pessoal. Daí a relevância central do capítulo da defesa oficiosa e a justificação do seu estudo num trabalho de reflexão de juízes sobre os caminhos possíveis para uma futura reforma do processo penal português[99].

---

[98] A CRP e os Tratados Internacionais definem as traves mestras do processo penal a partir dos direitos e garantias processuais da defesa do arguido – cf. artigos 24º a 34º da CRP, 11º e 12º da Declaração Universal dos Direitos do Homem, 5º e 6º do texto inicial CEDH e 1º a 4º do seu Protocolo nº 7 de aditamento.

[99] Os termos "defesa oficiosa" ou "defensor oficioso" não são inteiramente corretos para designar o advogado que representa o arguido no processo penal por nomeação, pois que há casos em que essa nomeação não é oficiosamente ativada pelo tribunal mas pedida

O nosso sistema de defesa oficiosa, herdado do CPP 1929 e da Lei de Assistência Judiciária de 1970, perdurou para além da revolução de 1974 com muitas soluções dificilmente compatíveis com a CRP de 1976, só vindo a ser alterado em 1987 e depois nos anos de 2000, 2004 e 2007. O regime vigente resultante dessas quatro alterações legislativas suscita ainda muitas dúvidas, nomeadamente quanto ao asseguramento dos direitos constitucionais, à qualidade da defesa, à eficácia dos procedimentos processuais e ao volume dos encargos financeiros públicos e seu controlo pelo Estado.

As dúvidas sobre o acerto das soluções encontradas em 2007 não tardaram dois anos a surgir, quando o próprio governo – do mesmo partido que tinha aprovado essa revisão – já anunciava o propósito de proceder à "redefinição da figura do defensor oficioso"[100]. Porém, a anunciada avaliação do Regime de Acesso ao Direito e aos Tribunais (RADT) não chegou a completar-se. Conhecem-se dois documentos de análise sobre o RADT: "1º Relatório de Monitorização do Sistema de Acesso ao Direito", de Agosto de 2009, da Comissão de Acompanhamento do Sistema de Acesso ao Direito" (CASAD)[101], e "Do Defensor Oficioso / Uma análise do regime jurídico português numa perspetiva comparada", de Julho de 2010, da Direção-Geral de Política da Justiça do Ministério da Justiça (DGPJ)[102].

O Relatório da CASAD limitou-se a elencar problemas práticos de aplicação do regime de acesso ao direito focados nos interesses específicos dos advogados, o que não admira se tivermos em conta a composição muito restrita da Comissão, apenas com representantes do Governo e da Ordem dos Advogados, e também o facto de apenas terem sido considerados pareceres emitidos por entidades governamentais e pela própria Ordem. Quanto ao Relatório da DGPJ, ficou-se pela análise descritiva

---

pelo arguido. De qualquer forma, para facilidade de exposição optamos por utilizar estes conceitos mais correntes.

[100] Programa do XVIII Governo Constitucional que tomou posse em 26 de Outubro de 2009.

[101] V. http://www.dgpj.mj.pt/sections/noticias/1-relatorio-de

[102] V.http://www.dgpj.mj.pt/sections/politica-legislativa/anexos/acesso-ao-direito 7362/do-defensor-oficioso6332/downloadFile/file/Do_Defensor_Oficioso.pdf?nocache=1280241496.28

do regime legal e pela enunciação dos traços gerais dos sistemas nos ordenamentos jurídicos europeus e do Brasil, para concluir que nada justificava a reformulação do modelo de defensor vigente em Portugal nem a necessidade de introduzir no mesmo quaisquer alterações.

No programa do XIX Governo Constitucional em funções não há qualquer referência à matéria da defesa do arguido em processo penal. Porém, recentemente, o Ministério da Justiça em comunicado anunciou que vai proceder brevemente à alteração do regime legal[103].

**1.2** No passado praticamente todos os partidos com assento parlamentar já defenderam de alguma forma a revisão da defesa oficiosa e a sua eventual substituição pela defesa pública ou por outro sistema mais mitigado. De acordo com o estudo do Observatório Permanente da Justiça[104], nos programas eleitorais e de governo desde 1974 encontramos as seguintes referências a esta matéria: (1) o programa eleitoral do PS para a legislatura de 1983-1985 propunha melhorar o sistema de defesa oficiosa no sentido de permitir uma defesa dos cidadãos com mais qualidade e celeridade; (2) o programa do XIII Governo Constitucional da legislatura de 1995-1999 destacava a necessidade de assegurar uma defesa digna, através de advogado indicado pela Ordem dos Advogados e o programa do PS nessas eleições tinha proposto a seleção dos advogados por concurso e se necessário a introdução da figura do defensor público; (3) o programa eleitoral do PPD/PSD para a legislatura de 1999-2002 sugeria a criação dum corpo de advogados, em colaboração com a sua Ordem, para assegurar em exclusivo o apoio judiciário, através de um Instituto do Defensor Público; (4) o programa do XV Governo Constitucional da legislatura 2002-2005 estabeleceu o compromisso de criar uma entidade, em colaboração com a Ordem dos Advogados, para regular a atribuição aos advogados dos patrocínios oficiosos; nessas eleições o PCP tinha proposto a criação dum quadro de defensores públicos e

---

[103] Comunicado do MJ de 19/9/2011 *in*: http://www.mj.gov.pt/PT/NoticiasEventos/ArquivoImprensa/2011/Paginas/Apoio-judiciario.aspx.
[104] Relatório "O Acesso ao Direito e à Justiça: um direito fundamental em questão", do Observatório Permanente da Justiça Portuguesa, de Julho de 2002: http://opj.ces.uc.pt/portugues/relatorios/relatorio_10.html

o PPD/PSD, criticando o modelo de defesa oficiosa, tinha sugerido a implementação dum serviço de defensor público.

Mais recentemente o Bloco de Esquerda[105] propôs a criação dum "Instituto de Assistência Jurídica" e dum departamento de defensores públicos para substituir o atual modelo baseado na nomeação de defensores oficiosos.

**1.3** A matéria da defesa oficiosa/pública não é ideologicamente neutra nas configurações possíveis do processo penal, mas o discurso público-mediático vive muito de tabus e clichés e pouco de intervenções rigorosas e da ponderação efetiva das suas vantagens e desvantagens. Pouca utilidade tem a discussão feita no plano limitado dos interesses estritamente profissionais ou corporativos, que abafada pelo ruído próprio do confronto entre grupos profissionais não se foca no essencial, que é a ponderação dos valores das garantias de defesa, da segurança, da eficácia e da racionalidade do sistema penal.

Os advogados têm manifestado oposição generalizada à introdução da figura do "defensor público". Em artigo recente[106], o Bastonário da Ordem dos Advogados, comentando a proposta legislativa do Bloco de Esquerda de introduzir o "defensor público", argumentou que isso aumentaria o peso do Estado e da despesa pública, que criaria incompatibilidade entre a hierarquia própria da carreira pública do defensor e a independência da advocacia, que introduziria no sistema uma lógica estatizante e totalitária, que não existe modelo semelhante na Europa, que potenciaria a funcionalização dos advogados e motivaria o exercício negligente e pouco empenhado da função e que implicaria garantir ao defensor público as mesmas regalias, dignidade funcional e privilégios dos magistrados do Ministério Público. Tudo para concluir que «só os setores mais retrógrados e decadentes das magistraturas têm defendido essa figura".

---

[105] Projeto de Lei nº 286/X, de Julho de 2006: http://app.parlamento.pt/webutils/docs/doc.pdf?path=6148523063446f764c3246795a5868774d546f334e7a67774c3252765 93342734c576c75615668305a586776634770734d6a67324c5667755a47396a&fich=pjl286-X.doc&Inline=true.

[106] Jornal de Notícias de 24/10/2010, acessível in: http://www.jn.pt/Opiniao/default.aspx?content_id=1693733&opiniao=Ant%F3nio%20Marinho%20Pinto

A Associação representativa dos juízes não propõe nem defende um sistema de defesa pública, não se encontrando qualquer referência a essa temática nos documentos associativos, nas conclusões pelo menos dos últimos três congressos dos juízes nem nas intervenções públicas dos seus dirigentes.

Na judicatura tem sido o atual Presidente do Supremo Tribunal de Justiça e do Conselho Superior da Magistratura a personalidade que mais se tem pronunciado em várias intervenções públicas a favor da introdução em Portugal da figura do defensor público. Recentemente, na sessão solene de abertura do ano judicial de 23/3/2011[107], como forma de "defender os mais carenciados com meios melhores e mais baratos", advogou que "a implantação de um sistema nacional de defesa pública (com uma preparação técnica adequada como a dos magistrados porque se trata de um sistema público) (...), deve substituir o apoio judiciário que, cada vez mais, se compraz em ocultar o excesso de advogados no mercado" e considerou que com um quadro de 800 a 1000 defensores o Estado gastaria bem menos do que os cerca de 56 milhões de euros despendidos em 2010 com o apoio judiciário.

Por sua vez, o Sindicato dos Magistrados do Ministério Público (SMMP) também propôs a "Criação de um corpo de "Defensores Públicos" que assegure o "apoio judiciário" e garanta o reforço dos níveis de aptidão e preparação para a defesa dos cidadãos, com relevante redução de custos para o erário público", no documento "Propostas do SMMP para Melhorar a Justiça – maior eficiência com menores custos"[108], de 2011.

Como se vê, um conjunto de posições contraditórias, não acompanhadas pela respetiva fundamentação. Curiosamente, o argumento da poupança de despesa está presente nos discursos de quem é a favor e contra a introdução do defensor público, o que demonstra bem que se trata de uma questão a merecer melhor estudo.

Esta polémica sobre a eventual substituição do defensor oficioso pelo defensor público justifica que centremos a análise na adequação do atual modelo de defesa oficiosa. Para tanto, partiremos da seguinte hipótese exploratória: numa futura revisão da lei processual penal justifica-se

---

[107] V. http://www.stj.pt/nsrepo/not/Discursos/Pres%20STJ.pdf
[108] Ver http://www.smmp.pt/?p=13516

alterar o modelo de representação do arguido que não constituiu advogado, criando um sistema de "defesa pública", organizada e gerida pelo Estado ou por um organismo público autónomo, com juristas contratados para assegurarem essas funções, em substituição da atual "defesa oficiosa"?

## 2. Evolução e caracterização do sistema português

**2.1** A origem da assistência judiciária está ligada ao ideal cristão da caridade e remonta aos códigos do império romano que consagravam a obrigação do Estado ser magnânimo com os seus indigentes e de nomear advogados para os demandantes sem recursos[109]. A primeira regulação codificada do patrocínio gratuito aos "pobres, os órfãos, ou os fracos de juízo e aqueles que não sabem pedir o direito que lhes assiste" surgiu em 1278, na compilação dos direitos canónico, romano e costumeiro, da escola pós-gloseadora francesa: "Livres de justice et de plet"[110].

Em Portugal a matéria apareceu pela primeira vez regulada nas Ordenações Afonsinas e Filipinas. Porém, só muito mais tarde, em 21 de Julho de 1899, foi publicada a primeira lei sobre assistência judiciária para "litigantes pobres", que no essencial passou para os Estatutos Judiciários de 1927 (Decreto 13809, de 22.6) e de 1933 (Decreto 22779, de 29.6). O instituto viria depois a ser objeto de disciplina autónoma sucessivamente no Decreto 33548, de 23.2.1944, na L 7/70, de 9.7, regulada pelo Decreto 562/70, de 18.11, no DL 387-B/87, de 2912, regulamentado pelo DL 391/88, de 26.10, e na L 30-E/2000, de 20.12, que antecedeu finalmente a L 34/2004, ainda vigente, entretanto já alterada pela L 47/2007, de 28.8.

Até à L 7/70 a regulamentação da assistência judiciária não tratava especificamente da nomeação de defensor do réu em processo penal nem do pagamento dos honorários, encontrando-se a matéria prevista no CPP de 1929. Nos artigos 22º a 28º, 157º e 639º determinava-se que nos atos do processo em que fosse obrigatória a assistência por defensor e o réu o não constituísse voluntariamente o juiz procedia à nomeação,

---

[109] Patrocínio "pro miserabilibus" e patrocínio "pro Deo" dos Concílios de Latrão (1215) e Toulouse (1229).
[110] Carlos Alegre, "Acesso ao Direito e aos Tribunais", Coimbra: Almedina, 1989.

que era independente da situação económica e que devia recair sobre advogado ou na sua falta sobre pessoa idónea. Competia também ao juiz apreciar as causas justificativas dos pedidos de dispensa e substituição do defensor. Os emolumentos devidos ao defensor eram fixados pelo juiz e impostos ao réu condenado e se não fossem pagos eram substituídos por prisão ou trabalho nos serviços do Estado. No entanto, como não estava instituído qualquer mecanismo de garantia desse pagamento e em regra só as pessoas de menores recursos económicos eram forçadas a recorrer à defesa oficiosa, na prática o trabalho do defensor acabava por não ser remunerado, na medida em que ficava dependente da condenação do réu no pagamento das custas, se não fosse absolvido do crime, e da sua efetiva cobrança.

A L 7/70 previu expressamente a possibilidade de concessão de assistência judiciária ao acusado em processo criminal (Base V) mas esse princípio não chegou a ser regulamentado no Decreto 562/70. Assim, a nomeação, dispensa e substituição do defensor e pagamento dos respetivos encargos continuaram a reger-se pelas normas do CPP de 1929.

Este sistema em que o juiz nomeava e escolhia o defensor, avaliava o seu trabalho, fixava os honorários e determinava quando e como é que o réu os pagava (embora na prática os honorários não fossem pagos) só foi alterado com a entrada em vigor do CPP de 1987 e do DL 387-B/87, que aprovou o novo regime de acesso ao direito e aos tribunais. Muito embora o juiz tivesse mantido os poderes de nomear, dispensar e substituir o defensor, a designação passou a competir em regra à Ordem dos Advogados. O juiz apenas nomeava nas situações urgentes ou quando a Ordem não o fizesse no prazo de 5 dias, podendo essa nomeação residualmente recair ainda em pessoa idónea. A fixação dos honorários continuou a ser feita pelo juiz, mas agora de acordo com o tabelado pelo Ministério da Justiça e o arguido apenas tinha de pagar se fosse condenado e não gozasse de apoio judiciário, competindo essa decisão ao juiz. De todo o modo, o pagamento dos honorários era adiantado pelo Estado independentemente da cobrança, o que acabou por introduzir no sistema o princípio da defesa oficiosa remunerada.

Com a L 30-E/2000 alterou-se de novo o regime da defesa oficiosa. Foi finalmente eliminada a possibilidade de nomeação de pessoa idónea para defender o arguido, podendo tal função ser desempenhada por advogado ou advogado estagiário. A nomeação de defensor passou a poder ser feita também pelo Ministério Público ou órgão de polícia criminal, dependendo da autoridade presente na fase do processo. A indicação concreta do defensor manteve-se na esfera de atribuições da Ordem dos Advogados, embora se esta entidade não o fizesse no prazo de 5 dias a autoridade judiciária pudesse escolher o defensor segundo o seu critério. A apreciação dos pedidos de dispensa do patrocínio continuou a pertencer ao juiz, mas instituiu-se a obrigação de audição prévia da Ordem dos Advogados. Os honorários do defensor foram tabelados sem necessidade de fixação pelo juiz e continuaram a ser adiantados pelo tribunal, o mesmo acontecendo com as despesas, com base em nota apresentada pelo advogado, sendo no final tudo reembolsado pelo arguido que não beneficiasse de apoio judiciário. A decisão sobre o pedido de apoio judiciário foi desjudicializada e passou para os serviços da Segurança Social.

**2.2** A última alteração do regime de acesso ao direito e aos tribunais ocorreu com a L 34/2004, (já revista pela L 47/2007), regulamentada pela Portaria 10/2008, de 3.1 (alterada pela Portaria 654/2010, de 11.8). Este novo regime modificou profundamente o sistema de nomeação de defensor oficioso e de processamento e pagamento dos seus honorários e despesas.

Aprofundou-se a tendência que vinha de trás de limitar a intervenção do tribunal na nomeação do defensor, na apreciação do pedido de dispensa e na fixação da retribuição. Atualmente os serviços do tribunal apenas solicitam automaticamente a nomeação do defensor, sendo a Ordem dos Advogados quem procede à sua nomeação e também à apreciação dos pedidos de dispensa de patrocínio. Mesmo nos casos urgentes a intervenção do tribunal limita-se à nomeação formal do defensor designado pela Ordem dos Advogados de entre os constantes das escalas de prevenção. O juiz deixou também de ter qualquer interferência na fixação da compensação monetária dos defensores, cujo pedido é processado pelos próprios advogados no sistema informático gerido pela Ordem dos Advogados.

Outra característica distintiva do novo sistema está na completa automatização eletrónica dos procedimentos de nomeação e remuneração da defesa oficiosa, através da aplicação informática SINOA (Sistema de Informação Nacional da Ordem dos Advogados), que gere todas as nomeações, escusas e substituições, as escalas de prevenção e os pedidos de pagamento da remuneração e despesas.

O exercício de funções de defesa oficiosa passou a ser completamente voluntário e destinado exclusivamente a advogados[111], dependendo agora de candidatura dos interessados, que a Ordem dos Advogados deveria selecionar tendo em vista critérios de qualidade[112]. A atribuição de processos aos advogados é feita por lotes e está previsto o pagamento periódico e atempado da compensação devida, o que permite dizer que o atual sistema visou de alguma forma aproximar-se dum modelo de vinculação tendencialmente estável e contratualizada do contingente de advogados selecionados às funções de defesa oficiosa. Esta novidade é já uma aproximação aos sistemas de defesa pública, por contraposição a uma defesa oficiosa puramente privada e liberal.

Quanto à imputação do pagamento da compensação do trabalho e das despesas devidos ao defensor oficioso não houve modificação do regime legal. O arguido só suporta o pagamento se tiver sido condenado e não tiver apoio judiciário. Nos outros casos esse pagamento pode ser suportado pelo assistente, as partes civis ou o Estado, consoante os casos (artigos 64º/4, 66º/5 e 514º do CPP).

Contudo, a L 34/2004, com a redação dada pela L 47/2007 ao artigo 36º/2, introduziu uma inovação que consiste em obrigar o arguido a pagar os encargos decorrentes da concessão de apoio judiciário, que o artigo 8º/1 da Portaria 10/2008 fixa atualmente em 150 euros por cada processo, a acrescer ao dever de pagamento da compensação do trabalho e das despesas do defensor oficioso. Trata-se duma taxa estabelecida como contrapartida da prestação do serviço administrativo de concessão de apoio judiciário fornecido pelos tribunais e segurança social.

---

[111] Os advogados estagiários apenas podem intervir nos processos atribuídos aos seus patronos e mediante acompanhamento destes, sem qualquer processo de nomeação ou direito a remuneração.

[112] Não obstante a prescrição legal, não se conhece qualquer prática de seleção dos candidatos feita pela Ordem dos Advogados sabendo-se apenas que neste momento estão inscritos cerca de 9.800 advogados no SINOA.

Esta nova taxa que onera a posição processual do arguido suscita fortes objeções que abordaremos com mais detalhe adiante.

## 3. A defesa oficiosa/pública nos sistemas judiciais próximos

Segundo o referido estudo da DGPJ que analisou o regime legal da defesa em processo penal dos ordenamentos de 28 países europeus e do Brasil, o modelo de longe mais comum é o da defesa oficiosa confiada a advogados nomeados. Trata-se dum modelo privado e liberal em que a defesa é assegurada por profissionais autónomos, nomeados pelo tribunal, por organização representativa dos advogados ou por uma entidade pública, financiado pelo Estado e participado pelos beneficiários do serviço em diferentes graus e condições. Esse modelo, para além de Portugal, pratica-se na Áustria, Bélgica, Bulgária, Chipre, Dinamarca, Eslováquia, Eslovénia, Espanha, Estónia, França, Grécia, Hungria, Inglaterra, Irlanda, Irlanda do Norte, Letónia, Luxemburgo, Malta, Países Baixos, Polónia, República Checa, Roménia e Suécia.

O sistema mais desenvolvido e completo de defesa pública que conhecemos é o do Brasil[113], onde os defensores são juristas recrutados por concurso e integrados em carreiras com vínculo profissional às Defensorias Públicas estaduais ou à Defensoria Pública da União, que exercem as atribuições de recrutamento, formação, gestão, disciplina e remuneração desses profissionais e em que a sua função e estatuto são constitucionalmente equiparados em importância à da Magistratura e ao Ministério Público[114].

Segundo o mencionado estudo do Observatório Permanente da Justiça, no Quebeque (Canadá) o modelo estabelecido é também público, assegurado pela "Comissão dos Serviços Judiciais", que tem personalidade jurídica e se encarrega da gestão de todos os aspetos inerentes ao recrutamento, nomeação e pagamento dos defensores, que são advogados com vinculação permanente.

---

[113] Sobre a defensoria pública do Brasil pode ler-se o "III Diagnóstico da Defensoria Pública no Brasil, Ministério da Justiça, 2009", que abrange dados de 2006 a 2009: http://www.anadep.org.br/wtksite/IIIdiag_DefensoriaP.pdf

[114] Artigo 134º da Constituição da República Federativa do Brasil de 1988.

Ainda de acordo com o referido estudo da DGPJ, regimes mistos em que a defesa pode ser exercida em alternativa por defensores ou por advogados ou professores universitários habilitados para praticar atos de advogados encontramos na Alemanha, Escócia e Finlândia.

Como vemos, os grandes traços distintivos do modelo português de defesa oficiosa são comuns à esmagadora maioria dos países referidos. No entanto, ele apresenta algumas fragilidades importantes merecedoras de ponderação.

## 4. Fragilidades do modelo português de defesa oficiosa

**4.1** A primeira dúvida suscitada pelo nosso sistema refere-se ao respeito pela regra constitucional do artigo 32º/3 da CRP que consagra o direito do arguido não apenas a ser assistido por defensor mas também a escolher o defensor.

A Base VII nº 3 da L 7/70 permitia que no processo de nomeação de defensor o réu indicasse o advogado, indicação esta cuja atendibilidade estava obviamente sujeita à aceitação deste. Também o artigo 50º do DL 387-B/87 mandava atender à indicação do advogado feita pelo requerente, igualmente condicionada à declaração de aceitação. Idêntica norma foi consagrada no artigo 50º da L 30-E/2000. Na primeira redação do artigo 40º da L 34/2004, especificamente aplicável ao processo penal, sob a epígrafe "escolha de advogado", determinava-se que a autoridade judiciária antes da nomeação deveria disponibilizar ao arguido as listas de advogados elaboradas pela Ordem dos Advogados para ele fazer a sua escolha. No entanto esse artigo 40º veio a ser revogado pela L 47/2007 e o conjunto de procedimentos automáticos instituídos pela Portaria 10/2008 para a nomeação do defensor não permitem qualquer possibilidade do arguido fazer recair a nomeação em advogado da sua preferência. Muito provavelmente esta revogação não resultou de qualquer opção pensada sobre o alcance da eliminação do direito do arguido escolher o defensor mas apenas da necessidade de sacrificar esse direito em nome do automatismo pretendido para o sistema de designação. Seja como for, o que fica é que o direito em questão foi revogado sem fundamentação convincente.

Antes da revogação daquele artigo 40º a jurisprudência debatia aquele princípio constitucional a propósito da questão de saber se o tribunal devia ou não atender ao pedido de substituição do defensor nomeado indicado pela Ordem dos Advogados por outro da preferência do arguido. No sentido positivo pronunciou-se, por exemplo, o Tribunal da Relação de Lisboa, em 14/7/2005, 4/7/2010 e 14/6/07[115] e no sentido contrário, o STJ, em 26/5/2003 e a Relação de Guimarães em 11/9/2006[116].

Gomes Canotilho e Vital Moreira[117] consideram que "O arguido tem o direito à escolha de defensor e não apenas o direito a assistência de defensor. Tal direito justifica-se, com base na ideia de que o arguido não é objeto de um ato estadual mas sujeito do processo, com direito a organizar a sua própria defesa".

Este direito fundamental do arguido escolher o defensor não pode interpretado de forma ilimitada mas também não pode ficar-se pela possibilidade de constituir advogado no processo, pois essa interpretação restritiva viola o princípio previsto no artigo 20º/1 da CRP de não discriminação no acesso ao direito e aos tribunais por motivos económicos. De facto, se fosse esse o sentido da norma constitucional, o direito a escolher defensor acabaria por não ser concedido a quem por razões de insuficiência económica não pudessem constituir advogado, o que violaria aquela proibição constitucional. Nem mesmo a possibilidade do arguido solicitar a substituição do defensor nomeado por justa causa é suficiente para se considerar respeitado o conteúdo mínimo do direito constitucional à escolha do defensor, na medida em que o novo defensor nomeado também o é sem qualquer possibilidade de escolha.

Se o arguido ao solicitar a nomeação de defensor ou a sua substituição indicar algum da sua preferência que esteja inscrito no sistema e aceite a nomeação, não existindo razões ponderosas contra, mesmo com a lei atual não se vê como possa a autoridade judiciária não respeitar essa

---

[115] http://www.dgsi.pt/jtrl.nsf/0/57b896e80783a59e802570d600423b71?OpenDocum ent http://www.dgsi.pt/jtrl.nsf/e6e1f17fa82712ff80257583004e3ddc/30d870d1b3dfb4 92802573750041aebc?OpenDocument http://www.dgsi.pt/jtrl.nsf/33182fc7323160398 02565fa00497eec/27029cc4ab27a0478025730e00405aaa?OpenDocument

[116] http://www.dgsi.pt/jstj.nsf/954f0ce6ad9dd8b980256b5f003fa814/52f1d02bc8287a3 880256d7100312f1c?OpenDocumenthttp://www.dgsi.pt/jtrg.nsf/c3fb530030ea1c61802 568d9005cd5bb/1fd143a65fd4ed278025722d00425dfc?OpenDocument

[117] Canotilho / Moreira (n. 69), p. 204.

escolha sem violar o direito constitucional. Obviamente que a impossibilidade técnica do sistema informático garantir o respeito por um direito não é motivo suficiente pois não é razoável sacrificar direitos fundamentais com base em entraves burocráticos e formais.

**4.2** Outro aspeto em que se pode questionar a constitucionalidade do regime em vigor tem a ver com a obrigação de pagamento agravado dos encargos decorrentes da concessão de apoio judiciário pelo arguido que embora avisado nesse sentido não constitua advogado no processo nem requeira na segurança social o apoio judiciário. Nestes casos, de acordo com o disposto nos números 7 e 9 do artigo 39º da L 34/2004, o arguido fica responsável pelo pagamento do triplo da quantia fixada para compensar os encargos administrativos decorrentes da proteção jurídica, para além naturalmente do que vier a ser devido de compensação do trabalho e de despesas do defensor.

Esta obrigação imposta ao arguido de pagamento duma quantia atualmente fixada em 450 euros[118] não tem a mínima justificação em qualquer dos casos para que está prevista. Ao determinar a obrigação de pagamento do triplo do valor normal, a lei está a cominar com uma sanção processual pecuniária um comportamento do arguido a que não corresponde a violação de qualquer dever, pois a lei de processo impõe e assegura a necessidade de assegurar a sua defesa independentemente da sua vontade. Por outro lado, essa taxa corresponde ao pagamento dum serviço administrativo que não foi prestado, pois se o arguido não formulou o pedido de apoio judiciário não deu origem à atividade administrativa que poderia justificar o pagamento.

Inexistindo um dever jurídico-processual do arguido constituir advogado ou de solicitar a concessão de apoio judiciário para ficar dispensado do pagamento da compensação que lhe seja devida, e pelo contrário, sendo essa nomeação uma obrigação do Estado, não é conforme com a Constituição a imposição do pagamento da referida multa.

**4.3** Nova dificuldade suscitada pelo regime atual é a da revogação tácita do artigo 66º/2 do CPP, que previa a dispensa do defensor nomeado por justa causa por decisão do tribunal, pois o artigo 42º da L 34/2004 esta-

---

[118] Artigo 8º/1 da Portaria 10/2008.

belece agora que esse requerimento é dirigido à Ordem dos Advogados, a quem pertence a decisão. O problema é que se cria uma incongruência no sistema, dado que a substituição do defensor a pedido do arguido se mantém na competência do tribunal, face ao disposto no nº 3 do referido artigo 66º do CPP, o que pode levar à aplicação de critérios diferenciados e a resultados incompreensíveis.

**4.4** Outro problema está na impossibilidade de aplicação da regra do artigo 65º do CPP, que determina a assistência pelo mesmo defensor a uma pluralidade de arguidos quando isso não contrarie a função da defesa. Esta regra tem todo o sentido, quer do ponto de vista da racionalidade dos gastos, quer do ponto de vista da própria eficácia e celeridade do processo quer até da conciliação dos direitos de defesa em presença. Porém, estranhamente, isso hoje não é possível, ainda que a lei não tivesse sido alterada.

O facto do sistema informático gerido pela Ordem dos Advogados apenas permitir a nomeação dum defensor para cada arguido no mesmo processo não é desculpa, pois não é a lei que se tem de conformar com a burocracia mas sim o contrário. Por isso, contrariamente ao que consta no relatório da CASAD, quando os tribunais ampliam a nomeação do defensor oficioso para os outros arguidos sem introduzir novo pedido no sistema, mesmo que isso não se adapte ao tão desejado automatismo dos procedimentos, não constitui um caso de "uso desadequado das ferramentas informáticas do Sistema de Acesso ao Direito", como ali se refere. É exatamente o oposto, o sistema informático é que está desadequado da lei em vigor que os tribunais têm o dever de aplicar.

**4.5** Outra fragilidade do sistema, extremamente grave para a eficácia e celeridade dos processos, encontra-se na regra estabelecida no artigo 4º da Portaria 10/2008, que ao regulamentar as escalas de prevenção dos advogados inscritos no sistema para assegurar as nomeações urgentes, determina que essa disponibilidade não importa a efetiva permanência no local da realização da diligência e que o defensor nomeado tem uma hora para comparecer no local.

Como é evidente, este procedimento causa embaraços desnecessários e graves transtornos nos processos, pois sobretudo nos casos imprevisíveis de necessidade de substituição do defensor por falta à diligência ou por constatação da incompatibilidade de defesas de vários arguidos representados pelo mesmo defensor, essa espera somada ao tempo necessário para proceder ao pedido eletrónico de nomeação e para entrar em contacto com o defensor nomeado acaba por motivar centenas ou mesmo milhares de interrupções e adiamentos de diligências judiciais e pode até, no limite, inviabilizar, por exemplo, a apresentação do arguido ao juiz de instrução no prazo de 48 horas a seguir à detenção.

Os custos associados à solução adotada na Portaria são a todos os níveis mais elevados do que se gastaria financeiramente com a remuneração da presença efetiva do advogado escalado no tribunal e sobretudo implicam em muitos casos desorganização da capacidade instalada nos tribunais.

Não é pois de estranhar que por vezes os juízes, sopesando as circunstâncias concretas do processo no momento e procurando evitar os custos processuais e humanos dessas interrupções, procedam à nomeação de defensores fora do sistema informático[119].

**4.6** Questão de extremo melindre prende-se com a ausência de mecanismos de controlo público do pagamento da compensação devida aos defensores nomeados[120], que teve recentemente repercussão mediática na imprensa segundo as quais teriam sido detetados pagamentos ilícitos de milhões de euros[121] e no governo que no referido comunicado de 19/9/2011 já assumiu a insustentabilidade deste sistema.

---

[119] Na página 28 do relatório da CASAD dá-se conta do incómodo sentido pela Ordem dos Advogados nestas situações, mas a solução preconizada do Ministério da Justiça emitir circulares interpretativas para os tribunais também não é de todo aceitável.
[120] O relatório da CASAD deu nota deste problema, afirmando muito claramente que estavam a ser feitos pagamentos sem confirmação do serviço prestado (pp. 15 e 41).
[121] Jornal *Público*: "Justiça não controla serviços prestados pelos advogados que fazem apoio judiciário": http://www.publico.pt/Sociedade/justica-nao-controla-servicos-
-prestados-pelos-advogados-que-fazem-apoio-judiciario_1510106?all=1, *Diário de Notícias*: "Estado paga às cegas 60 milhões a advogados oficiosos": http://www.dn.pt/inicio/
portugal/interior.aspx?content_id=1689548, Comunicado do Ministério da Justiça: http://
www.mj.gov.pt/PT/NoticiasEventos/ArquivoImprensa/2011/Paginas/Comunicado-
-apoio-judiciario.aspx.

O sistema instituído baseia-se exclusivamente na informação introduzida no SINOA pelos advogados requerentes do pagamento, que a Ordem dos Advogados recolhe sem qualquer método de confirmação e remete para processamento ao Instituto de Gestão Financeira e Infraestruturas da Justiça. Inexiste qualquer possibilidade dos tribunais procederem à certificação das informações prestadas pelos advogados, pois tudo é processado automaticamente fora do processo judicial onde ocorreram os atos e intervenções que deram origem aos pagamentos tabelados pela Portaria 1386/2004.

Para agravar mais ainda a situação, a coexistência de dois sistemas de pagamento da remuneração dos defensores, consoante se apliquem as regras anteriores ou posteriores à Portaria 10/2008, tem determinado duplicação de pagamentos por dificuldades de interpretação e processamento dos regimes[122].

Este descontrolo do financiamento do sistema de apoio judiciário, que origina comprovadamente pagamentos indevidos a defensores oficiosos, uns por lapso mas outros porventura por fraude, em que o Estado se demitiu de fiscalizar pagamentos de milhões de euros por ano e relativamente ao qual a Ordem dos Advogados lavou as mãos como se não tivesse qualquer responsabilidade, é absolutamente inadmissível e deve ser corrigido imediatamente, sem prejuízo do apuramento da eventual responsabilidade civil, criminal e disciplinar a que haja lugar.

**4.7** Os atrasos de meses nos pagamentos devidos aos advogados inscritos no sistema de acesso ao direito[123] é outra situação grave que não resulta propriamente de deficiência do regime legal instituído mas de outros fatores administrativos e burocráticos ligados ao seu processamento. Deve no entanto reconhecer-se que se trata duma situação inaceitável, pois o modelo instituído de contratualização com os advogados de nomeação para lotes de processos implica uma dedicação constante que supõe a previsibilidade e periodicidade dos pagamentos.

---

[122] Disso se deu também nota na p. 16 do relatório da CASAD.
[123] Cf. p. 13 do relatório da CASAD

## 5. Balanço das vantagens e desvantagens das soluções possíveis

**5.1** Conhecidos os traços gerais do regime em vigor, as suas principais deficiências e o que se faz noutros países, identificámos um conjunto de fragilidades que justificam ponderar a alteração do nosso sistema de defesa oficiosa. Não se trata, a nosso ver, da correção apenas de pormenores mantendo o modelo vigente, mas sim de alterar o próprio modelo, que está errado na sua conceção. No entanto, também é certo para nós que não faz o mínimo sentido hoje pensar no regresso a um modelo de defesa oficiosa próximo do que existia antes da L 34/2004.

O regresso da defesa do arguido por pessoa idónea sem preparação técnica em direito ou por advogado estagiário seria hoje inaceitável e violador dos princípios constitucionais da igualdade dos cidadãos no acesso ao direito e aos tribunais e do direito a uma defesa efetiva. O respeito pela pessoa do arguido e pelos seus direitos num processo essencialmente acusatório exige que ele seja sempre assistido por defensor tecnicamente habilitado com uma licenciatura em direito, pois isso é inerente à noção de processo penal leal e equitativo.

A defesa oficiosa não remunerada é outro aspeto que não teria hoje qualquer aceitação, não apenas por razões de dignificação das funções desempenhadas pelo advogado e reflexamente da própria administração da justiça e dos direitos pessoais e profissionais dos próprios advogados – o que já seriam razões suficientes – mas sobretudo porque a remuneração da atividade é uma garantia da qualidade efetiva da defesa.

Afigura-se ainda inadequado recuperar a nomeação do defensor pelo juiz envolvendo uma seleção não aleatória. Esse mecanismo cria vínculos de dependência e dúvidas sobre os critérios de seleção que prejudicam tanto a imparcialidade do tribunal como a liberdade e independência do advogado. Num processo adversarial e acusatório a escolha de um dos oponentes por quem deveria estar numa posição supra partes quebra o equilíbrio e distância que caracteriza essa posição.

Mais ainda se agravaria esse risco de suspeita sobre a imparcialidade do juiz e a liberdade do advogado se a remuneração deste fosse de novo deixada ao critério do julgador. Num julgamento em que os momentos de tensão, contraditório e divergência são frequentes, constitui distorção evitável atribuir ao juiz não apenas a função de julgar o arguido mas ainda de julgar também a prestação do seu defensor e a dificuldade da sua defesa para fixar a remuneração adequada.

Por fim, do ponto de vista da necessária preparação técnica, da disponibilidade efetiva do advogado para se empenhar na defesa e do estabelecimento da relação de confiança entre o arguido e o seu defensor, a existência dum contingente de advogados de alguma maneira vinculados ao exercício da função parece uma solução mais acertada do que o modelo de nomeações *ad hoc*, em rotatividade e muitas vezes até contra a vontade do nomeado que se praticava antes de 2004.

Em suma, pode dizer-se que o modelo anterior a 2004 não cumpriria hoje os requisitos da defesa efetiva, da não discriminação dos cidadãos por motivos económicos, da imparcialidade do tribunal e liberdade inerente à advocacia e da dignificação das funções do advogado no processo.

**5.2** A nossa hipótese de partida consistia em explorar a possibilidade de evoluir para um sistema de defesa pública, entendida esta com um sentido próximo do modelo seguido no Brasil, de defensoria pública do Estado, gerida e organizada por órgãos públicos autónomos, com um quadro de juristas integrados no funcionalismo público e equiparados à magistratura.

Um sistema como este tem à partida vantagens inegáveis. Garante mais igualdade no acesso à justiça, obriga a mais qualificação técnica, especialização e disponibilidade do defensor, é mais eficaz e célere e permite maior racionalidade e controlo dos gastos públicos.

No entanto não devemos ignorar que não existe tradição nem em Portugal nem na Europa de sistemas de defesa pública semelhantes ao do Brasil. A falta de referências em sistemas de justiça próximos do nosso não permite antecipar os efeitos duma alteração tão profunda e justifica por isso redobradas cautelas para não se cair em atitudes de voluntarismo experimentalista numa área tão sensível. As mudanças apressadas e radicais de paradigma num sistema pesado e tendencialmente conservador como é a justiça normalmente dão mau resultado.

Por outro lado, no atual contexto de graves dificuldades orçamentais que o Estado português atravessa não é realista conjeturar sobre quaisquer reformas ignorando a sua viabilidade financeira. Se tomarmos como referência comparativa as informações disponíveis sobre a defensoria pública no Brasil e os encargos financeiros do nosso sistema de apoio judiciário, vemos que não podemos tirar conclusões definitivas sobre a conveniência, oportunidade e sustentabilidade dum sistema de defesa pública em Portugal. É certo que o nosso apoio judiciário parece ser mais caro do que a defesa pública do Brasil. Do que não podemos também ter a certeza é que introduzir a defesa pública em Portugal não seria ainda mais dispendioso.

Em setembro de 2011 estavam inscritos cerca de 9.800 advogados no sistema de apoio judiciário[124], sendo que se prevê para este ano um encargo de 60 milhões de euros em compensações dos serviços por prestados[125]. Esse encargo, corresponderá, ainda segundo a mesma fonte de informação, a cerca de 10% da dotação orçamental do Ministério da Justiça proveniente do Orçamento de Estado e a 4,02% do valor global do orçamento do ministério, o que em qualquer caso representa uma subida significativa, tendo em conta que em 1989 o apoio judiciário se ficava pelos 2,6% do orçamento do Ministério da Justiça[126] e em 2010 pelos 3,35%[127]. Indicativamente estes números dizem-nos que o Estado pagará este ano cerca de 510€ mensais a cada um dos quase 10.000 advogados inscritos. E aplicando essa despesa à população portuguesa, que gastará 5,60€ por habitante com apoio judiciário. Sem dúvida números objetivamente elevados e alarmantes.

No Brasil, segundo o "III Diagnóstico da Defensoria Pública no Brasil, Ministério da Justiça, 2009", que abrange dados nacionais de 2006 a 2009[128], em média os orçamentos estaduais das respetivas defensorias públicas foi de 27 096 647€[129], o que representa 0,40% do valor total do

---

[124] Comunicado do Ministério da Justiça de 16/9/2001: http://www.portugal.gov.pt/pt/GC19/Governo/Ministerios/MJ/Notas/Pages/20110916_MJ_Com_Apoio_Judiciario.aspx
[125] Jornal de Notícias de 20/9/2011, que cita informações oficiais do Ministério da Justiça: http://www.mynetpress.com/pdf/2011/setembro/20110920281bd5.pdf
[126] Citado relatório do Observatório Permanente da Justiça.
[127] Dossier Justiça de Fevereiro de 2010 da Secretaria Geral do Ministério da Justiça: http://www.sg.mj.pt/sections/planeamento-e-gestao/dossier-justica/ficheiros/dossier--justica-de2010/downloadFile/file/SGMJ_DJ_2010.pdf?nocache=1271416095.03
[128] http://www.anadep.org.br/wtksite/IIIdiag_DefensoriaP.pdf
[129] R$ 66.103.939,76, que inclui a dotação do orçamento federal e as receitas próprias.

orçamento de estado (não há dados específicos sobre a percentagem do orçamento específico da justiça para comparar com o caso português). Em 2008 havia um total de 7.177 defensores públicos em todo o Brasil, o que correspondia a cerca de 1 por cada 32.000 habitantes.

Analisando o caso do estado federal cuja população mais se aproxima da portuguesa, que é o Rio Grande do Sul, com 10.732.770 habitantes, segundo o relatório "Defensoria Pública do Estado do Rio Grande do Sul, 2009/2010"[130], verificamos que esse serviço tem no seu organigrama 24 estruturas administrativas e 165 sedes espalhadas por todo o território, com um quadro de 415 defensores, do qual estavam preenchidos 358 lugares, e que teve uma dotação orçamental de 56 180 887€, da qual 3 512 961€ foram para remunerações de pessoal no ativo (sem incluir os 22% de encargos para a segurança social)[131]. O Orçamento da defensoria pública correspondeu a 5,22% do total do orçamento atribuído ao judiciário (compreendendo as despesas com tribunais e juízes, Ministério Público e Defensoria Pública). Estes encargos correspondem a um custo de 5,70€ por ano por habitante.

Ora, muito embora os dados não permitam, como se alertou, fazer uma comparação definitiva, o que deles resulta é que o custo do nosso sistema de apoio judiciário não parece de modo nenhum ser inferior ao que teria um sistema de defensoria pública. Pelo contrário, mesmo não incluindo os custos das estruturas físicas, equipamentos e pessoal administrativo, os 60 milhões de euros que Portugal gasta só em honorários dos advogados são muito superiores aos 57 milhões gastos por exemplo pelo Estado de Rio Grande do Sul com toda a estrutura da defensoria e incomensuravelmente superiores aos 27 milhões orçamentados em média em todas as defensorias do Brasil.

Não temos dados que nos permitam dizer com rigor qual seria indicativamente a dimensão dum quadro de defensores públicos em Portugal. Sabemos no entanto que um território com a mesma população tem 358 em funções, o que dá uma média de 29.977 por habitante, aproximada da média nacional do Brasil de 32.000 por habitante. Se aplicarmos exploratoriamente este critério ao caso português verificamos que isso

---

[130] http://www.dpe.rs.gov.br/site/arquivos/rel_atividades2010.pdf
[131] R$ 137.056.731,37 e 85.700.885,00, respetivamente.

corresponderia a um quadro de 360 defensores[132]. Provavelmente este número para a realidade portuguesa é irrealista, mas a verdade é que mesmo que se considerasse, por exemplo, um universo de 700 defensores com um salário médio aproximado do que é pago aos magistrados, ainda assim não se atingiria nem de perto nem de longe o volume de despesa de 60 milhões de euros pagos em Portugal ao conjunto de advogados inscritos, que é bastante superior ao da totalidade dos defensores oficiosos no Brasil.

Consideramos, portanto, que, embora não exista evidência de que a hipotética criação dum sistema de defensores públicos tivesse um encargo superior ao que já se gasta por ano com o pagamento dos honorários aos advogados inscritos no apoio judiciário, essa matéria precisa de ser estudada com mais informação. E precisa de entrar em linha de conta com um conjunto de variáveis que desconhecemos, como os custos inerentes a toda uma estrutura administrativa, de equipamentos e de edifícios que um sistema como a defensoria pública do Brasil importaria.

Em suma, do nosso ponto de vista, o encargo financeiro não parece ser à partida um obstáculo relevante para obstar à implementação da defesa pública, mas também, com os dados que temos e sem prejuízo duma ponderação mais informada, igualmente não nos parece um argumento válido para o propor.

**5.3** Existe porém um fator mais importante que nos leva a colocar reservas a um sistema de vinculação pública do defensor ao Estado como o brasileiro, que tem a ver com a dificuldade de conciliar a liberdade e independência do advogado, inerente ao exercício da advocacia de representação dos interesses privados no tribunal, com a sua vinculação jurídico-laboral ao Estado. Consideramos que pode representar uma distorção pouco clarificadora da necessária diferenciação funcional no julgamento, que o Estado pudesse ser ao mesmo tempo o acusador, o

---

[132] Claro que este raciocínio implicaria um conhecimento aprofundado da comparação entre as intervenções processuais em cada um dos países, mas os dados da defensoria do Rio Grande do Sul revela um volume de trabalho muito surpreendente: no ano analisado os defensores realizaram 438.000 atendimentos, 161.847 audiências, 191.253 petições, 130.135 contestações, 2.459 acordos e 48.710 recursos.

defensor e o julgador, precisamente no momento em que o risco de compressão dos direitos individuais de personalidade no processo penal é mais intenso. Daí que a realização da justiça reclame uma defesa a cargo de advogados livres e independentes e não de um corpo de juristas-funcionários económica e funcionalmente dependentes do Estado.

A nossa história fornece-nos, aliás, exemplos bem eloquentes da importância fundamental da independência da advocacia para a realização da justiça. Basta pensar no que se passou nos julgamentos políticos dos tribunais plenários e no papel essencial que neles tiveram muitos advogados na defesa dos opositores da ditadura, que só foi possível porque ali atuaram com independência e liberdade de consciência. O que dificilmente teria ocorrido se em vez de advogados os réus ali tivessem sido assistidos por defensores assalariados do Estado.

Por outro lado, a independência do advogado é também vital para o estabelecimento da relação de confiança que caracteriza a defesa efetiva do arguido, na medida em que lhe assegura que o seu representante está comprometido apenas com a sua defesa e não com outro tipo de preocupações, nomeadamente de carreira.

Pesando os argumentos a favor e contra, pensamos não ser adequado propor a introdução em Portugal dum sistema de defesa pública como a do Brasil.

Isso não significa, porém, que não existam outras alternativas de mudança.

### 6. Proposta dum modelo possível de defesa

**6.1** A revisão do modelo de defesa que já vimos ser necessária deve incorporar as vantagens do sistema de defesa pública do Brasil sem pôr em causa a liberdade e independência que caracterizam a advocacia presentes na nossa defesa oficiosa. Consideramos que devem ser os seguintes os vetores essenciais da reforma:

(I) A defesa deve ser assegurada por advogados independentes e não por juristas-funcionários do Estado;

(II) Os defensores devem ser recrutados por concurso e ter maior qualificação técnica e mais disponibilidade, com um sistema de vinculação temporária ao Estado por contrato;

(III) É necessário garantir o respeito pelo direito constitucional à escolha do defensor;

(IV) A gestão do sistema deve ser assegurada por entidade pública autónoma do Estado e não pela Ordem dos Advogados, assente exclusivamente em critérios de interesse público;

(V) Têm de ser criados mecanismos de remuneração adequada e digna e financeiramente comportáveis, plenamente transparentes e fiscalizados.

**6.2** Tendo em conta as linhas mestras referidas, formula-se uma proposta de revisão.

**6.2.1** O sistema de defesa por nomeação em processo penal deverá ser gerido por uma entidade pública autónoma que assegure o recrutamento, nomeações, substituições, processamento dos pagamentos e cessação de funções dos defensores, com delegações nos distritos judiciais ou em circunscrições a definir em função do movimento processual. Como dissemos, a gestão dum sistema financiado pelo orçamento de estado, fundamental para a realização da justiça, tem de obedecer exclusivamente ao interesse público e por isso não nos parece que possa continuar a ser gerido por um órgão como a Ordem dos Advogados que tem também por missão representar os interesses desses profissionais.

**6.2.2** Os defensores devem ser advogados em profissão liberal, inscritos na Ordem dos Advogados e sujeitos como os demais às regras previstas no respetivo estatuto de reconhecimento dessa qualidade e de responsabilidade disciplinar. Este figurino salvaguarda a independência do advogado e é compatível com a vinculação funcional que preconizamos. É assim de rejeitar a criação duma classe profissional de juristas-funcionários integrados numa carreira pública e com regras disciplinares diferenciadas.

**6.2.3** O contingente de advogados defensores deve ser recrutado por concurso público de mérito, em função da correta avaliação das necessidades das respetivas circunscrições e ficar vinculado por contrato ao exercício das funções por um período determinado, com opção de exercício em regime de exclusividade. Esse contrato tem de prever os deveres de dedicação e cumprimento dos objetivos fixados e a possibilidade do órgão autónomo de gestão decidir a cessação antecipada do vínculo por incumprimento desses deveres. Durante a vigência do contrato, sem prejuízo das normas do seu estatuto que permitem a recusa do patrocínio, o advogado em regime de exclusividade deverá assegurar todas as defesas para as quais for nomeado até ao limite previamente definido e não poderá exercer advocacia privada. O advogado que não tenha contrato de exclusividade deverá aceitar as nomeações até ao limite fixado no respetivo contrato.

**6.2.4** Nos casos de afetação exclusiva do defensor, a remuneração deve ser fixada em quantia certa mensal; tratando-se de afetação a tempo parcial, a remuneração pode variar em função do número de nomeações mas deve resultar sempre de critérios legais objetivos pré-estabelecidos, se necessário com um sistema de certificação pelos serviços do tribunal dos atos processuais em que o advogado participou. O processamento dos pagamentos deverá ser feito pelo órgão autónomo de gestão, que para isso terá de dispor da dotação orçamental necessária para cumprir essa obrigação sem atrasos.

**6.2.5** O juiz não deve ter qualquer intervenção na nomeação do defensor nem na fixação da remuneração. Mesmo os pedidos de dispensa de funções pelo defensor ou de substituição pelo arguido deverão ser decididos pelo órgão autónomo de gestão, à semelhança do que acontece nas relações entre o advogado constituído e o arguido, em que o juiz não tem qualquer interferência. No entanto, terá de ser consagrado um mecanismo que permita ao juiz assegurar a continuidade dos julgamentos e diligências quando a necessidade de substituição ocorra no próprio ato.

**6.2.6** A nomeação de defensor nos casos urgentes em que não seja possível a indicação imediata pelo órgão de gestão autónomo deverá obedecer a uma escala e recair sobre advogado presente no tribunal.

**6.2.7** Tem de haver uma distinção clara entre o direito-dever de nomeação de defensor e o direito de o arguido requerer a concessão de apoio judiciário. A nomeação de defensor nos casos em que o processo penal a considera obrigatória ou conveniente não pode ficar dependente de qualquer justificação pelo arguido ou tão pouco de pedido de concessão de apoio judiciário nem implicar o pagamento de qualquer taxa por parte do arguido. Os encargos com o apoio judiciário devem integrar as custas do processo nos termos gerais e consequentemente ser pagos por quem nos termos da lei do processo for responsável pelas custas, sem prejuízo de isenção nos casos de apoio judiciário.

**6.2.8** Deve ser assegurado ao arguido o direito a escolher defensor de entre os advogados inscritos na respetiva circunscrição, através da indicação de preferência no momento da formulação do pedido. Essa preferência deve ser respeitada salvo nos casos de impossibilidade, sobretudo se incidir sobre advogado que já assistiu o arguido em processos anteriores ou em relação ao qual se verifique a existência de uma causa objetiva de especial confiança.

**6.2.9** Os direitos de intervenção processual do defensor do arguido previstos na lei não podem, como é óbvio, deixar de ser exatamente os mesmos que a lei concede ao defensor constituído por mandato forense.

Este sistema que se preconiza deverá abarcar todo o território nacional. No entanto, nada impede que seja instalado gradualmente e que nas circunscrições em que não exista contingente de advogados contratados, a defesa seja assegurada por outros advogados que manifestem essa disponibilidade, observados que sejam os princípios referidos.

# ÍNDICE

| | |
|---|---:|
| SUMÁRIO EXECUTIVO | 9 |
| RELATÓRIO – LINHAS DE REFORMA DO PROCESSO PENAL | 23 |
| NOTA INTRODUTÓRIA | 25 |

## I – O PROCESSO PENAL E O SISTEMA JUDICIAL     29

1. A relevância do impacto da reforma do processo penal no sistema judicial     29
2. Uma visão sistémica do processo ajustada à nova realidade social e económica     32
3. Técnicas e meios de gestão processual     39
4. Gestão processual – principais áreas de incidência no processo penal     43
    4.1 Introdução do princípio da diferenciação     43
    4.2 Regras sobre distribuição de processos     44

## II – FASE DE INQUÉRITO     49

1. Alteração dos prazos de duração máxima do inquérito e consequências processuais     51
2. Medidas de simplificação e agilização do inquérito     56
3. Outras medidas, com reflexos no número, duração e simplificação dos inquéritos     58
4. Perícias     59
5. A questão do dossiê probatório – discussão inconclusiva     67

## III – UMA PROPOSTA DE JUSTIÇA NEGOCIADA     69

IV – A FASE DE INSTRUÇÃO                                                83

V – JULGAMENTO                                                          93
1. Sentença abreviada                                                   93
2. Valoração em audiência das declarações do arguido prestadas
   em fase anterior                                                     96
3. Outras sugestões pontuais de alteração: estabelecimento de outros
   prazos de duração máxima e efetividade da limitação do número
   de testemunhas                                                      117

VI – RECURSOS (ALGUMAS QUESTÕES)                                       119
1. Efeito do recurso para o tribunal constitucional                    120
2. Nulidades de sentença – aspetos de regime                           120
3. O artigo 410º nº 2 do CPP                                           122
4. Proibições de prova                                                 124

VII – A DEFESA OFICIOSA EM PROCESSO PENAL
EXPLORAÇÃO DAS HIPÓTESES DE ALTERAÇÃO
DO REGIME LEGAL                                                        127